ANNE VON BLOMBERG

Der Höflichkeitsfaktor

ANNE VON BLOMBERG

Der Höflichkeitsfaktor

Etikette heute: von der Liebe
bis zum Geld

WUNDERLICH

1. Auflage Januar 2002

Redaktion Astrid Grabow
Umschlaggestaltung Susanne Müller
Satz aus der Garamond PostScript (PageMaker) bei
Pinkuin Satz und Datentechnik, Berlin
Druck und Bindung Clausen & Bosse, Leck
Printed in Germany
ISBN 3 8052 0717 4

Die Schreibweise entspricht den Regeln
der neuen Rechtschreibung.

Inhalt

So macht der Höflichkeitsfaktor Sie erfolgreich

Sind Sie ein Egoist? Geben Sie's zu: Wir alle denken erst mal an den eigenen Erfolg. In Sachen Liebe, Sex und Freundschaft, Beruf und Karriere. Jeder will, dass es ihm gut geht. Absolut in Ordnung.

Aber unser Egoismus sollte sich vernetzen mit der Freundlichkeit anderen gegenüber. So wird aus selbstsüchtiger Glückssuche gutes Benehmen. Und das ist ganz einfach:

Aktuelle Höflichkeitsregeln ersetzen die alte Benimmetikette. Es geht nicht mehr darum, wie man «richtig» Spargel isst oder den Verlobten den Eltern vorstellt. Das darf und kann jeder selbst entscheiden. Gutes Benehmen hat andere Aufgaben. Es polstert unsere Ellenbogen im Kampf um Anerkennung, lässt uns die Lust nach Macht, Spaß, Rechthaben, Liebe und Geld ausleben, ohne dass wir anderen blaue Flecken auf der Seele verpassen. Oder sie uns.

Warum der alte Knigge heute topaktuell ist

Adolph Freiherr von Knigge wusste schon vor über 200 Jahren, dass Höflichkeit mehr ist als die starren Regeln der Etikette. In seinem berühmten Buch «Über den Umgang mit Menschen», dessen erste Auflage 1788 erschien, beschrieb er deshalb nicht den korrekten Handkuss oder die richtige Anrede für Fürsten, Bürger und Bauern.

Es ist ein Aufruf zur Anständigkeit. Deshalb wird der immer noch aktuelle Benimmratgeber auf den folgenden Seiten oft zitiert und liefert die Kommentare zu den neuen Regeln mit «Höflichkeitsfaktor».

Der besteht nicht aus Anweisungen zum «richtigen» Benehmen beim Essen (obwohl die hier auch zu finden sind). Der Höflichkeitsfaktor zeigt stattdessen, wie Sie sich erfolgreich durchs Leben schlängeln, ohne anzuecken. Zum Beispiel beim Sex, im Beruf und im Verkehr, im Restaurant, gegenüber Kindern und als Senior, im Urlaub, auf Partys, bei Heirat und Scheidung, beim Sport und im ganz normalen Alltag. Immer gilt:

Höflichkeit ist das Vitamin der Gesellschaft

Wir können lange ohne auskommen, aber auf Dauer zeigen wir Mangelerscheinungen: Wir verlieren den Respekt der anderen. Oder wir werden ausgegrenzt, weil wir den Mitmenschen zu oft auf die Zehen treten.

Seit Pünktlichkeit nicht mehr die Höflichkeit der Könige ist, die Erziehung zu etikettegerechtem Benehmen nicht mehr die Strafe für adelige Geburt, nimmt der Egoismus angeblich überhand. Das ist ein Fehlurteil. Ein hoher Höflichkeitsfaktor ist ins Positive gewendeter Egoismus. Bist du zu mir freundlich, hilfsbereit und höflich, mache ich auch dir das Leben leicht. Böses mit Bösem vergelten, Auge um Auge, Zahn um Zahn kämpfen – das ist die letzte Verteidigungslinie von Schwächlingen. Starke Menschen benutzen Höflichkeit als Antistressversicherung.

Deshalb drängeln sie sich in keiner Schlange vor, geben eine gefundene Geldbörse bei der Polizei ab und lassen als Autofahrer anderen die Vorfahrt. Auch wenn sie im Recht sind. Nicht weil sie an Engel glauben, die ein Rechnungsbuch über ihr Benehmen führen, sondern weil sie wissen:

Es lohnt sich. Höfliche Menschen werden spontan und auf Dauer weit besser behandelt als menschliche Mistkäfer. Weil sich die Aus- und Einzahlungen auf dem gemeinsamen Höflichkeitskonto ausgleichen. Oder wie Adolph Freiherr von Knigge sagt:

«Aber das kann jeder Rechtschaffene und Weise bewirken – daß er Genuß im Umgang mit allen Klassen von Menschen schöpfe; daß andre ihn nicht mißbrauchen oder bei der Nase herumführen. Und wenn er ausdauert, immer konsequent, edel, vorsichtig und grade handelt, so kann er sich allgemeine Achtung erzwingen, kann auch fast jede gute Sache durchsetzen. Und hierzu die Mittel zu erleichtern und Vorschriften zu geben, die dahin einschlagen – das ist der Zweck dieses Buchs.»

In diesem Sinne: Viel Spaß beim Lesen und viel Erfolg beim Anwenden der neuen Höflichkeitsregeln.

Anne Freifrau von Blomberg

Der ganz normale Alltag

Pöbeln	«Bitte» & «danke» sagen	Komplimente machen
minus 100	Höflichkeitsfaktor normal	plus 100

Entschuldigen Sie mal!

Das klingt unhöflich. Und gebraucht wird dieser Satz auch nur als eine Art Kriegserklärung. Das haben Entschuldigungen nicht verdient. Sie besitzen einen hohen Höflichkeitsfaktor und vereinfachen unser Leben.

Tut mir Leid. Entschuldigen Sie! Verzeihung! So wenige Worte, aber sie wirken wie Heilsalbe auf Wespenstichen. Sie machen größeren Ärger unmöglich. Im Privatleben wie im Beruf.

Was kostet es mich, sie auszusprechen? Auch wenn ich mir keiner großen Schuld bewusst bin? Nichts, und es wirkt besser als jeder Zauberspruch. Weil es dem Wütenden den Wind aus den Segeln nimmt und zumindest freundliche Flautenstimmung verbreitet. Niemand kann sich aufblasen wie ein Riesenochsenfrosch, wenn das Gegenüber ein Arme-Sünder-Gesicht macht und «Ich bin schuld» murmelt.

Und wenn ich nicht schuld bin? Oder nur zum Teil? Dann sage ich trotzdem: Entschuldigung! Und ganz neutral: Da ist ein Fehler passiert. Lass uns drüber reden!

Entschuldigungen sind sehr angesagt: Der Papst entschuldigt sich bei den Griechen, dass katholische Kreuzritter vor 800 Jahren Konstantinopel brandschatzten, statt sich um Jerusalem zu kümmern. Und er entschuldigt sich bei den Moslems, dass sie auch noch Jerusalem eroberten. PDSler entschuldigen sich für den Zwangszusammenschluss von SPD und KPD vor 50 Jahren, und die Deutschen entschuldigen sich für die Taten ihrer Groß- und Urgroßeltern im Dritten Reich. Letzteres zu Recht, aber welchem Schwarzen nützt es wirklich etwas, wenn sich die US-Regierung für den Sklavenhandel entschuldigen würde, wie es häufig gefordert wird?

Diese Inflation der Entschuldigungen halte ich für absurd. Soll ich mich bei den Esten (dort hatten die Blombergs mal ein kleines Rittergut) dafür entschuldigen, dass mein Urahn vor 700 Jahren wahrscheinlich deswegen adelig gesprochen wurde, weil er ein paar mehr Ureinwohner erschlug als andere? Ja, gern, aber wem bringt das etwas? Keinem. Auch wenn's sehr höflich klingt.

Du Sesselfurzer, du blöder!

Ich schimpfe im Auto. Laut. Auf schlafmützige Bummelfritzen, arrogante Vorfahrtabschneider, unverschämte Drängler. Es hört mich ja keiner.

Das dachte ich, bis ich ein Cabrio hatte, an einem Sommertag offen fuhr und jemand zurückfluchte. Vom Nachbarauto an der Ampel aus. Ihn hatte ich gar nicht gemeint, aber trotzdem … Ich musste mich die ganze Rotgelbphase über entschuldigen und bin seitdem vorsichtiger geworden.

Alle Höflichen sind mit Beschimpfungen vorsichtig. Besser: Sie verzichten ganz darauf. Natürlich möchte manch ein Mann seine Frau mal «Gesichtsgrätsche» nennen. Oder sie ihn «Weichei!». Aber was nützt es, wenn einer von beiden das Wort im Zorn ausspricht? Es schüttet Benzin ins Beziehungsfeuer – und führt zu Verbrennungen, deren Narben lange schmerzen.

Wozu?

Schimpfwörter haben nur eine brauchbare Funktion: Sie reduzieren den Stress des Pöblers. Kurzfristig. Wenn der Angepöbelte zurückbrüllt (Beschimpfungen gibt man ja meist mit Turbostimmkraft von sich), eskaliert der Zoff zum Krieg. Bis die Wut beiden die Stimme verschlägt.

Mal abgesehen davon, dass leise ausgesprochene Beleidigungen viel tiefer treffen als Geschrei (weil sie Selbstbeherrschung und damit Überlegenheit zeigen): Sie sind eines Erwachsenen unwürdig.

Für Kinder sind die so genannten Verbalinjurien oft ein Spaß. Sie können sich die scheußlichsten Wörter ins Gesicht sagen – und darüber lachen. Sie dienen ihnen außerdem als letzte Rettung vor dem heulenden Zusammenbruch oder als Provokation gegenüber den Eltern. Das ist in Ordnung, wenn die Erwachsenen ihnen klar sagen: Nicht mit mir!

Die Großen selbst müssen mehr Selbstbeherrschung zeigen. Besonders vor Kindern. Wie sollen die sonst anständiges Benehmen und Höflichkeit lernen? Überhaupt gilt: Ein verbaler Terroranschlag artet leicht zum echten Tumult aus, in dem Körperkraft eingesetzt wird, sobald einem die Worte ausgehen. Und der geht nie ohne Verlust für beide zu Ende, für den Angegriffenen wie für den Aggressor, der deswegen von der Polizei abgeschleppt wird.

Meine Empfehlung, wenn jemand ausfallend wird: Der andere halte die Klappe! Er klammere sich fest an seinen hohen Höflichkeitsfaktor und antworte – ohne Schimpfwörter. Leise. Das macht den Beleidiger zwar oft noch wütender, aber es bietet den Schutz einer Ritterrüstung. Giftpfeile prallen ab. Noch besser, wenn es machbar ist: einfach weggehen, den Schimpfenden seinem Zorn überlassen. Später, wenn er sich abgekühlt hat, kann man immer noch herauszufinden versuchen, wo die gemeinsame Basis verletzt wurde und wie man sie so ausbessert, dass ein normales Miteinanderreden wieder möglich wird.

Wenn der Kinderwagen über die Treppe muss

Himmel, ist das denn so schwer? Ist die ganz normale Höflichkeit zwischen Fremden tatsächlich ein Problem? Immer wieder berichten die Medien darüber, dass Hilfsbereitschaft Mangelware sei wie im Winter frische Erdbeeren und kaum einer von uns noch bereit dazu. Das darf nicht wahr sein, und ich glaube nicht daran. Ich glaube stattdessen: Wir verlangen zu viel von den Hilfsbereiten – dass sie selbst merken, wann sie gebraucht werden. Das aber ist nicht höflich, sondern arrogant.

Wenn ich eine Mutter mit Kinderwagen auf eine Treppe zugehen sehe, komme ich nicht auf die Idee, ihr spontan meine Hilfe anzubieten. Obwohl ich mich für einen annehmbar höflichen Menschen halte und obwohl mir vor 20 Jahren oft geholfen wurde, als ich mit meinem Babysohn unterwegs war. Aber:

Ich habe um Hilfe gebeten, wenn ich's nicht allein schaffte. Höflich, mit einem freundlichen Lächeln. Sie ist mir nie verweigert worden. Wie wäre es also, wenn Hilfsbedürftige nicht länger auf Freiwillige warten und schimpfen, wenn keiner auftaucht, sondern stattdessen selbst aktiv werden? Indem sie um Hilfe bitten? Sie würden dann merken:

Auch die Eiligsten besitzen ein Gewissen, das ihnen sagt: Los, mach, worum man dich bittet – und sie helfen. Wobei anzumerken ist: Höfliche Hilfsbedürftige sprechen nicht die Renner an, sondern fragen Menschen, die ungehetzt aussehen! Das gilt nicht nur für die oft zitierte Mutter mit dem Kinderwagen, sondern auch für Menschen, denen auf der Straße plötzlich schlecht wird, die Schweres auf den Autogepäckträger wuchten wollen, deren Auto streikt.

Selbst in der hektischen Flughafen-Ankunftshalle gilt: Steht ein Ausländer vor der Kofferkuliausgabe und hat den verlangten Eurobetrag nicht, kann er einen Deutschen um Hilfe bitten. Ich habe noch nie erlebt, dass jemand nicht für den Fremden bezahlt hat. Ebenso ist mir in den USA ausgeholfen worden – wenn ich den Mut zur Bitte fand.

Ein hörbar dankbares «Dankeschön» ist dann allerdings eine Selbstverständlichkeit!

Hilfe für Behinderte

Eine Selbstverständlichkeit. Oft wollen sie aber gar keinen Helfer, sondern selbst mit ihren Problemen fertig werden. Wie soll der Fremde das ahnen?

Er fragt, wenn er einen Menschen im Rollstuhl vor einem hohen Kantstein oder einer steilen Treppe sieht, einen Blinden neben einer Ampel ohne Blindenton, einen zierlichen Menschen mit sperrigem Gepäck vor der Zugtür. Er fragt höflich und eher zurückhaltend: «Brauchen Sie Hilfe?» und hilft erst dann. Oder greift mit einem «Darf ich?» mit zu, aber erst wenn offensichtlich ist, dass der andere mit den Gegebenheiten nicht fertig wird.

By the way: Regen Sie sich nicht auf, wenn mal wieder jemand einen Behindertenparkplatz benutzt, der völlig gesund aussieht – und Sie fahren bei der Parkplatzsuche zum dritten Mal um den Block, weil Sie zu höflich zum Mogeln sind. Vielleicht hat er eine innere Krankheit und tatsächlich einen Behindertenausweis. Und wenn nicht? Streit bringt trotzdem nichts. Er erhöht nur Ihren Stresspegel.

Lass uns beim Sie bleiben!

Frauen haben beim Duzen ein altes Privileg. Nach wie vor bringen die meisten Mütter ihrer Tochter bei: Kein Mann darf dir das Du anbieten, du aber jedem Mann.

Na ja. Wenn Sie das für richtig halten, warum nicht. Ich habe mich oft gefreut, wenn ein Kollege oder ein anderer Mann, der langsam vom Fremden zum Freund wurde, als Erster sagte: Wollen wir uns nicht duzen? Deshalb sehe ich auch diese Frage locker und bin froh, dass die Altetikette ausstirbt. Mein Rat:

Im Kreis neuer Kollegen schnuppern, wie es allgemein gehandhabt wird. Duzen sich alle – mitmachen. Duzen sich nur wenige – abwarten. Unter Menschen, die sich gerade verlieben, ist es sowieso kein Problem. Da ergibt sich das Du automatisch. Ganz ohne dieses grässliche Getue mit Arme-ineinander-haken-und-darauf-einen-trinken. Auch wenn das auf dem Land noch oft üblich ist – peinlich! Man duzt sich, und damit hat sich's. Aber:

Was ist, wenn man sich nicht duzen will? Wenn einen das Angebot stört, der Anbieter unsympathisch ist? Ablehnen! Das ist zwar nicht nett und kann als Kränkung empfunden werden, aber manchmal ist der eigene Seelenfrieden wichtiger als der Höflichkeitsfaktor. Punkt!

Eine angenehme Zwischenstufe zwischen distanziertem Sie und freundschaftlichem Du finde ich den Gebrauch des Vornamens plus Sie-Anrede. Besonders im Beruf.

Und wie verhalten sich Höfliche, wenn sie Chef oder Chefin beim Betriebsfest geduzt haben (in diesem Fall wirklich immer erst auf seine oder ihre Aufforderung hin!)? Ich bin am folgenden Morgen immer zum Sie zurückgekehrt. Ist der Chef alt, wird er das als die einzig richtige Etikette empfinden. Ist er jung, kann er ja lächelnd sagen: Wir duzen uns doch! Und sollte er fordern: «Lass uns doch beim Sie bleiben», dann ist das auch korrekt.

Political correctness ist OUT

Ich kann es nicht mehr sehen, das Zusammenzucken der politisch Korrekten, wenn jemand einen Blondinenwitz erzählt. Oder über Polen, Vegetarier, Juden, Dicke, Katholiken, Araber, Tiere herzieht. Wir alle haben doch wohl längst verinnerlicht, dass man ganze Gruppen nicht pauschal beleidigen soll, aber – die besten Witze beziehen ihren Lacheffekt nun mal aus dem Tabubruch. Also lachen Sie und ziehen Sie beim Witzeerzählen eine Grenze, bevor der Gag unter die Gürtellinie geht. Wenn Sie im Zweifel sind – nicht erzählen! Einen hohen Höflichkeitsfaktor zeigt, wer sich zurückhält. Nur noch politisch korrekt zu reden, blockiert die Gehirnneuronen! Weil nicht weitergedacht wird. Kluge Betroffene lachen mit!

Kommentar vom Freiherrn von Knigge: «Würze nicht Deine Unterhaltung mit Zweideutigkeiten, mit Anspielungen auf Dinge, die entweder Ekel erwecken oder keusche Wangen erröten machen. Zeige auch keinen Beifall, wenn andre dergleichen vorbringen. Ein verständiger Mann kann an solchen Gesprächen keine Lust haben. Auch in bloß männlicher Gesellschaft verleugne nicht Schamhaftigkeit, Sittsamkeit und Dein Mißfallen an Zoten.»

Seien Sie nicht so empfindlich!

Kennen Sie das Prinzessin-auf-der-Erbse-Syndrom? Ja, genau die, die durch sieben Matratzen die eine Erbse spürte und damit bewies, dass sie nicht Bettlerin, sondern Thronerbin war.

Unter diesem Syndrom leiden wir heute alle. Je weniger wir wirklich zu jammern haben, umso mehr jammern wir über die Kleinigkeiten, die übrig bleiben. Wenn 99 Prozent aller Menschen nett zu uns wären, würden wir uns über das letzte Prozent Unfreundlicher immer noch laut beschweren. So laut wie ein Krüppel oder ein Obdachloser über die tatsächlich vorhandene Ungerechtigkeit des Schicksals.

Jammern auf hohem Niveau ist ein anderes Wort für das Prinzessinnen-auf-der-Erbse-Syndrom. Mein Rat: Lassen Sie das, wenn Sie Freunde und Bekannte höflich behandeln wollen. Nicht mal der beste Freund, die netteste Freundin will mehr als einmal hören, dass Ihr Rücken schmerzt, der Chef ein Volltrottel ist, das Wetter schlecht, der Heuschnupfen eine Plage, die Kinder frech, die Glocken von der nahen Kirche am Sonntag lästig, die Börse Vermögensvernichter statt Geldmacher.

Wenn Jammern Ihren eigenen Lust-Quotienten erhöht (das tut es! Kurzfristig!), machen Sie einen Witz daraus, über den alle lachen können. Gemeinsamkeit im Leiden kann auch solidarisieren, aber nur wenn eine Gegenaktion beschlossen und durchgeführt wird!

Heute Abend wird gegrillt!

Tun Sie, was Ihnen Spaß macht. Sie sind ein freier Mensch, aber: Sagen Sie den Nachbarn Bescheid, wenn Sie ein Fest daraus machen, bei dem es lange laut wird. Und entschuldigen Sie sich im Voraus für eventuell entstehende Belästigungen! Den Grillgeruch, finde ich, nimmt ein höflicher Nachbar geduldig zur Kenntnis – ohne Beschwerde. Er gehört zum Sommer wie Mücken. Deshalb gleich die nächste aktuelle Benimmregel:

Liebe deinen Nachbarn wie dich selbst!

Die Hälfte aller Rechtsanwälte müsste ihre BMWs abschaffen und Aldi-Food statt Sushi essen, wenn es keine Nachbarstreite gäbe.

Sein Laub fällt in meinen Garten. Seine Kröten unken nachts zu laut aus dem Wasserbiotop. Seine Musik ist unerträglich. Sein Gartenzwerg im Gemeinschaftsbeet beleidigt meinen Schönheitssinn. Und so weiter, bis zum Gericht.

Höfliche wissen: Es gibt ein paar miese Menschen, die sich auch durch freundliches Reden nicht auf gutnachbarliches Benehmen umpolen lassen. Man muss sie ertragen oder wegziehen. Ein Gerichtsurteil, dass die Nachbarhunde erst ab sieben Uhr bellen dürfen, der Kinderwagen nicht im Hauseingang stehen bleiben, das Treppenhaus reihum von allen geputzt werden muss, bewirkt – nichts. Außer dem feinen Gefühl, dass man Recht behalten hat. Falls man gewinnt. Das Zusammenleben vereinfacht es nicht. Deshalb gilt kategorisch: Einen hohen Höflichkeitsfaktor hat nur, wer solche Streitigkeiten gütlich regelt. Beim ersten Anlass. Bevor sie vom Ärgernis zum Gerichtsfall eskalieren oder man aus Höflichkeit den eigenen Nerven gegenüber nachgibt.

Kommentar vom Freiherrn von Knigge: «Wenn unter Leuten, die in demselben Hause wohnen oder sonst täglich miteinander leben müssen, Verstimmungen oder Mißverständnisse entstehen, so tut man wohl, die Erläuterung zu beschleunigen; denn nichts ist peinlicher, als mit Personen unter einem Dache zu leben, gegen die man einen Widerwillen hegt.»

Wo bleibt da die Gerechtigkeit?

Was ist gerecht? Für öffentliche Streitfragen gibt es Gesetze, doch ihre Anwendung empfindet manch einer als ausgesprochen ungerecht – wenn er im Streitfall der Verlierer ist. Oder wenn zum Beispiel Rauschgiftdealer gleich nach der Verhaftung wieder entlassen werden müssen, weil sie eine feste Adresse nachweisen können.

Ob ich einem Richter den Höflichkeitsfaktor minus 100 zuspreche, weil er meinem Vermieter beim Wohnungsauszug mehr Renovierungsgeld zuspricht, als ich für gerecht halte, oder ob ich durch alle Instanzen klage, weil mich der nicht nur unhöfliche, sondern infernalische Krach aus der Nachbarwohnung zum Wahnsinn treibt – die Moral von beiden Geschichten lautet:

Gerecht ist heute erst einmal, was die Gesetze so festlegen – und wie die Richter danach entscheiden. Einen hohen Höflichkeitsfaktor besitzt, wer auch ein für ihn negatives Urteil hinnimmt und sich damit abfindet. Das gilt auch im Fall der nicht weggesperrten Rauschgiftdealer.

Sie werden durch dasselbe Gesetz geschützt, das uns bei Verdächtigungen vor dem Aufenthalt im Untersuchungsgefängnis bewahrt. Wer dieses Gesetz für zu lasch hält, hat nur die Möglichkeit, eine Law-and-Order-Partei zu wählen, die Änderung verspricht.

Beschimpfungen der Justizbehörden oder der Polizei – auch als E-Mail oder Leserbrief – sind unhöflich, denn beide müssen sich nach dem geschriebenen Gesetz richten. Da das von einer demokratisch gewählten Mehrheit im Parlament beschlossen wurde, müssen wir uns damit abfinden. Auch das gehört zur Höflichkeit.

Leih mir doch mal die Hit-CD!

Ob Sie sich beim Freund den neuesten Bestseller borgen oder von der Freundin die schicke Abendtasche, den Bohrer vom Nachbarn oder das Babybett für Ihr erstes Kind von der älteren Kollegin, deren Sohn schon in die Schule geht – geben Sie zurück, was Sie sich geliehen haben. Unbeschädigt. Schnell. Denken Sie daran: Nicht alle Menschen sind so großzügig und so geduldig wie Sie!

Was wünschst du dir?

Wir wissen es: Kleine Geschenke erhalten die Freundschaft! Ein Klischee, aber wie alle Volksweisheiten mit einem Wahrheitskern. Also schenken Sie! Wenn Sie eingeladen sind, zu Geburtstagen, als Dank für eine größere Hilfsaktion. Drei bunte Rosen. Eine CD mit der Lieblingsmusik. Ein Fläschchen Edelessig. Höflichkeitsfaktor 100!

Und zu Weihnachten? Schenke ich nur noch meinem Sohn und den allerbesten Freunden etwas. Der Rest der Familie kriegt – nichts! Irgendwann haben wir mal abgesprochen: Anrufen genügt. Der Stress, für Brüder, Mutter, Neffen, Tanten etwas auszusuchen, war uns allen zu groß. Aber: Da gibt es keine Benimmregeln. Jede Familie muss aushandeln, was ihr entspricht. Generell gilt heute als höflich: Weniger ist mehr. Kleinigkeiten zeigen: Ich hab an dich gedacht. Großer Aufwand ist nicht nötig!

Das gilt auch für Weihnachtsgeschenke im Büro. Meine Empfehlung heißt aus Stress- wie aus Kostengründen: Keine Geschenke. Oder ein nachdienstliches Glas Sekt für alle, mit denen man eng zusammenarbeitet, wenn man sich für ein gutes Jahr im Team bedanken will. Dazu darf nicht nur der Chef einladen. Jedes Teammitglied macht damit den anderen ein Freude.

Darf ich rauchen? Vielleicht.

Ich gehöre zu jenen Schwächlingen, die immer noch rauchen. Mit Genuss und ohne Reue. Aber man macht mir das Leben schwer. Immer mehr Menschen sagen: Nicht in meiner Gegenwart. Muss ich mich danach richten?

In einer Umgebung, in der Aschenbecher bereitstehen, muss man nicht. Zum Beispiel in Restaurants, den Raucherzonen am Flughafen, bei Kongressen vor der Tür des Versammlungsraumes.

Am Arbeitsplatz ist es eine Frage der Absprache, zwischen den Kollegen oder zwischen Betriebsrat und Management. In Privatwohnungen, in einem fremden Auto, ja sogar in Taxis geht heute nichts mehr ohne höfliche Anfrage: Darf ich rauchen? Lautet die Antwort «Bitte nicht», hat sich der Raucher danach zu richten.

Pech für alle, die zu der inzwischen diskriminierten Minderheit gehören, aber Raucher müssen heute Rücksicht auf Ängstliche nehmen! Und sie müssen selbst den Schaden tragen, den sie in der eigenen Lunge anrichten. Also nicht klagen, wenn Sie Ihr Zigarettenkonsum eines Tages allem Optimismus zum Trotz krank macht. Ich verspreche hiermit, dass ich ohne Jammern sterben werde!

Du glaubst an Horoskope? Schwachsinn!

So etwas zu sagen ist mega-unhöflich! Glauben und Aberglauben sind tabu! Ob mein Gegenüber an Engel oder Tarotkarten, an die Wiedergeburt oder das Fegefeuer, an die Macht der Sterne oder die Wirkung von Bachs Blütenwasser und Edelsteinen glaubt – er hat das Recht dazu. Solange er mich nicht missionieren will.

Ich weiß, das ist schwer. Wer selbst gute Erfahrungen mit einem Glauben (oder Aberglauben) gemacht hat, möchte andere überzeugen. So verbreitete sich das Christentum über die ganze Welt. Aber: Skeptiker haben auch Rechte – auf ihre Zweifel oder ihre Ablehnung. Deshalb gilt für beide:

Da es bei Glaubensfragen immer um private Überzeugungen und nicht um nüchterne Logik geht, sind Diskussionen sinnlos. Ungläubige wie Gläubige haben deshalb Zurückhaltung zu üben. Aus Respekt vor dem anderen Menschen, der jeden Schwachsinn glauben darf oder – für Gläubige ebenso schwachsinnig – nur an das, was die Wissenschaft beweisen kann.

Kommentar vom Freiherrn von Knigge: «Unter den Abenteurern unserer Zeit spielen die Geisterseher, Goldmacher und andre mystische Betrüger keine unbeträchtliche Rolle. Diese Art von Schwärmerei, nämlich der Glaube an übernatürliche Wirkungen und Erscheinungen, ist sehr ansteckend.

Sei es nun dabei auf unsere Geldbeutel oder auf Tyrannei über unseren Willen oder auf irgendeinen andern moralischen, intellektuellen oder politischen Mißbrauch abgesehen, so ist es immer sehr wichtig, dagegen auf der Hut zu sein. (…)

Daß ein redlicher und verständiger Mann über wesentliche Religionslehren, auch dann, wenn er das Unglück haben sollte, an der Wahrheit derselben zu zweifeln, sich dennoch keinen Spott erlauben wird, ich meine, das versteht sich von selbst.»

Ein schönes Kompliment!

Sie sehen heute besonders gut aus! Warst du beim Friseur? Deine Haare sind heute so schön! Du bist ein echter Freund! Toll, auf die Idee wäre ich nicht gekommen!

Komplimente oder – weil das Wort heute alt klingt – Lob ist fürs Zusammenleben dasselbe wie Butter fürs Brot: Es lässt uns die Kratzigkeit der harten Tage vergessen, die wir immer mal wieder hinunterschlucken müssen, um die guten richtig würdigen zu können. Warum tun wir uns trotzdem so schwer damit, sie auszusprechen? Weil wir Angst vor Ablehnungen haben?!

Nicht zu Unrecht, denn das Entgegennehmen von Komplimenten ist eine Kunst, die nur Kinder perfekt beherrschen. Sie lassen sich gern loben. Aber dann sagen Erwachsene, dass sie nicht eitel sein dürfen: Lass dir das bloß nicht zu Kopf steigen, oder: Gib nicht so an! Und schon können wir die Komplimente nicht mehr genießen.

Das prägt fürs Leben. Und weil wir nicht wissen, wie wir mit Komplimenten umgehen sollen – freuen oder «bescheiden» abwehren? –, machen wir auch keine mehr. Schade. Selbst wenn nur wenige wissen, wie sie Lob ohne Verlegenheit entgegennehmen sollen – jeder freut sich darüber! Deshalb denken Höfliche nicht nur:

Whouu! Schön! Sie sagen es auch. Spontan oder zumindest später. Komplimente wirken auch im Nachhinein, falls man Zeit zum Formulieren braucht: Dein Beitrag zur Diskussion gestern – prima! Ihre Freundlichkeit meinem wilden Sohn gegenüber letztens im Restaurant – danke dafür! Und wer sein Lob nicht direkt aussprechen will, kann immer noch eine E-Mail schreiben.

Eine Frau «darf» natürlich auch Männern Komplimente zu ihrem

Aussehen machen. Das war früher verboten, weil Männer angeblich nicht schön zu sein hatten, sondern nur stark, mutig und edel. Vorbei! Ob der Lobempfänger männlichen oder weiblichen Geschlechts ist, macht keinen Unterschied. Jeder möchte heute ein «Star» sein und genießt es, wenn ihm Starqualitäten bescheinigt werden.

Und wie nimmt man Komplimente und Lob entgegen? Gelassen, lächelnd, ohne Abwehr wie «Aber das war doch nichts Besonderes» oder «Wollen Sie mich anmachen?». Selbst wenn Anmache der Grund fürs Kompliment sein sollte – sagen Sie es nicht, sondern stattdessen einfach: Danke! Das freut alle, die das Lob ernst meinen, und schreckt jene ab, für die Komplimente nur ein Mittel zum Zweck sind.

Kommentar vom Freiherrn von Knigge: «Vor allen Dingen vergesse man nie, daß die Leute unterhalten, amüsiert sein wollen; ... daß ferner nichts in der Welt ihnen so witzreich, so weise und so ergötzend erscheint, als wenn man sie lobt, ihnen etwas Schmeichelhaftes sagt; daß es aber unter der Würde eines klugen Mannes ist, den Spaßmacher, und eines redlichen Mannes unwert, den niedrigen Schmeichler zu machen.»

Wie geht man mit Kritik um?

Gelassen. Erst mal hinnehmen, schlucken, nachdenken, was daran berechtigt ist, sich im Notfall entschuldigen, Besserung versprechen oder den Kritiker fragen, wie sich neue Fehler vermeiden ließen. Das freut ihn und besänftigt seinen eventuell vorhandenen Zorn. Ist die Kritik Ihrer Meinung nach unberechtigt – widersprechen Sie. Sachlich! Einen hohen Höflichkeitsfaktor hat nur, wer den Kritiker erst mal ausreden lässt, abwartet, bis ihm nichts mehr einfällt. Derweil hat man Zeit, im Geist die Gegenargumente zu formulieren. Oder die Nachfrage, wie der Kritiker denn zu seiner Meinung kommt. Überlegen Sie gemeinsam, was man tun könnte, um zukünftige Ärgernisse auszuschalten.

Sag mir bitte nicht die Wahrheit!

Ehrlichkeit gehört zu den besonders lobenswerten Eigenschaften. Richtig? Ich bin anderer Meinung. Höflichkeit ist wichtiger, denn sie vermeidet Seelenverletzungen bei anderen. Deshalb verschlucke ich nicht nur unangenehme Wahrheiten, ich lüge auch wie gedruckt. Wenn es notwendig ist!

Warum soll ich meinem Kollegen sagen, dass er mal wieder aussieht wie ausgespuckt, wenn ich doch weiß, dass er Alkoholiker ist? Und meiner Freundin zu offenbaren, dass sie eine Laufmasche in ihren schwarzen Seidenstrümpfen hat, wenn wir gerade auf dem Weg zu einer Party sind, nützt ihr auch nichts. Sie fühlt sich besser, wenn sie sich für perfekt angezogen hält.

Ich sage auch niemandem, der mich zu einer Party einlädt, dass ich am liebsten ein Eremitendasein führe und Smalltalk-Events fürchte. Stattdessen lüge ich: Ich würde ja so gern kommen, aber … ich muss bis morgen einen Auftrag erledigen, meine Migräne hat wieder zugeschlagen oder – als Argument zur Zeit unschlagbar! – ich stecke gerade in einer depressiven Phase und bin für gesellschaftliche Kontakte unzumutbar. Natürlich wäre «Verzeih, aber ich hab einfach keine Lust» ehrlicher, aber wozu den Einladenden kränken?

Manchmal kann Ehrlichkeit ein Freundschaftsdienst sein. Wenn der Kollege aus dem Mund stinkt, kann man ihm wirklich mal einen Zungenkratzer schenken, allerdings ohne dass andere das mitbekommen. Oder ein Deo gegen Körpergerüche. Ich würde einer Freundin auch die Wahrheit sagen – höflich, also so freundlich wie möglich formuliert! –, wenn sie mich um Rat für ihr missglücktes modisches Styling bittet. Oder zu viel trinkt. Oder wissen will, ob ihr neuer Machofreund es ehrlich mit dem Heiratsversprechen meint. Generell fordere ich von Höflichen:

Lasst uns den Mund halten und kritische Gedanken verschlucken. Solange die «Fehler» des anderen nur ihm selbst das Leben schwer machen – sein Problem. Sind auch andere betroffen – höflich auf das Problem hinweisen.

Übertreib doch nicht so

Kinder tun's mit Begeisterung, um sich in den Vordergrund zu spielen. Sie übertreiben ihre Erlebnisse, bis sie als Held dastehen. Oder – wenn ihnen das besser in den Kram passt – als bemitleidenswertes Opfer. Viele Erwachsene halten es genauso. Aus den gleichen Gründen. Nicht nur einer guten, pointierten Erzählung wegen übertreiben sie ihre Erfolge oder Leiden beim Erzählen. Sie wollen wenigstens für ein paar Minuten alle Augen auf sich ziehen.

Dumm. Übertreibungen fallen auf und werden dann gern als Lügen interpretiert. Sie sind nicht schlimm, weil niemandem geschadet wird, aber Höfliche dosieren sie so fein wie gute Köche Chili, oder Romanschreiber Sexszenen. Sie setzen Glanzlichter – und überlassen dann wieder anderen die Bühne.

Wer seine Erfolge oder sein Leiden ständig vor sich herträgt wie einen aufgeblasenen Luftballon, wird schnell auf einen Ballonpieker treffen.

> **Kommentar vom Freiherrn von Knigge**: «Lustig anzusehn aber ist es, wenn zwei Schriftsteller sich einander mündlich oder schriftlich loben und preisen, vorteilhafte Rezensionen gegenseitig erschleichen, sich bei lebendigem Leibe einbalsamieren und sich eine glänzende Ewigkeit zusichern.»

Wenn das Versprechen nicht haltbar ist

Selbstverständlich: Versprechen müssen gehalten werden. So fordern es die traditionellen Etiketteregeln. Und ausnahmsweise bin ich derselben Meinung. Deshalb versprechen höfliche Menschen nur dann etwas, wenn sie wissen, dass die Ausführung möglich ist. Sind sie sich unsicher, sagen sie lieber: Ich versuch's. Ich tu mein Bestes. Ich werde mich darum bemühen, aber NICHT: Ich verspreche es!

Und wenn ein Versprechen beim besten Willen nicht haltbar ist? Oder man seine Ausführung einfach vergessen hat? Entschuldigen Sie sich und erklären Sie, warum Sie so unzuverlässig waren oder sein mussten. Das macht keinen Spaß, erhält aber die Kollegialität, stärkt Freundschaften und die Liebe.

Das gilt nicht nur anderen Erwachsenen gegenüber, sondern erst recht, wenn man einem Kind etwas verspricht. Das verlässt sich viel fester darauf als die Großen, die schon oft genug enttäuscht wurden und Worte nicht mehr so wörtlich nehmen wie die Kleinen.

Wenn das jeder machen würde

Vom blühenden Friedhofs-Fliederbusch einen Zweig abbrechen und mit nach Hause nehmen. Bei Rot über die Straße gehen, wenn keiner kommt. Das Auto nachts ins Parkverbot stellen. Beim Sonntagsbrunch im Hotel zehnmal zum Büffet gehen. Das neue Abendkleid zum Ball anziehen und vom Modegeschäft Ersatz fordern, weil angeblich von Anfang an ein Flecken drauf war.

Die Mahnung «Wenn das alle machen würden» klingt spießig. Der Satz hat trotzdem seine Berechtigung. Höfliche Menschen haben für ihn einen klaren Maßstab:

Schadet ihr Verhalten niemandem, übertreten sie die Etiketteregeln. Sie klauen schon mal eine Rose aus dem städtischen Rathausbeet, weil sie so schön duftet und sie eine Aufmunterung brauchen. Sie gehen bei Rot über die Straße, wenn kein Auto (und keine kleinen Kinder!) in Sicht sind. Sie stellen ihr Auto nachts in Parkverbotzonen ab, solange sie damit niemanden behindern und Platz für Notarzt- und Feuerwehrwagen lassen.

Ein getragenes Kleid umtauschen und das Geld zurückverlangen? Das ist Betrug und geht über das Gebot «Niemandem schaden!» hinaus. Es ist unanständig.

Liebe Mitbürger und MitbürgerINNEN

Nein, ich halte es nicht mehr für unhöflich, wenn jemand das grässliche «-innen» weglässt. Für Jobanzeigen ist es heute zwar Vorschrift, dass nach Softwarespezialisten und -spezialistINNEN gesucht wird. Schriftlich ist dieser verordnete Respekt vor Frauen auch in Ordnung, aber mündlich? In jeder Begrüßungsansprache?

Liebe Fließbandarbeiter und FließbandarbeiterINNEN? Liebe Verkäufer und VerkäuferINNEN? Liebe Leser und LeserINNEN?

Das ist nicht mehr höflich, sondern allen Zuhörern gegenüber unhöflich. Es nervt. Unsere Sprache ist nun mal männlich geprägt, und ich finde, gerade emanzipierte Frauen haben es heute nicht mehr nötig, auf den «-innen» zu bestehen. Deshalb gibt es in diesem Buch auch keine solchen Endungen. Ich denke, dass es beim Lesen auch so klar genug wird, wann beide Geschlechter angesprochen sind und wann nur eines von beiden.

Das finden Sie nicht gut? Machen Sie es so, wie Sie es am höflichsten finden, und trösten Sie sich mit den Worten meines verehrten Vorgängers. Er war in dieser Hinsicht noch weit weniger emanzipiert als ich.

Kommentar vom Freiherrn von Knigge: «In solchen und allen übrigen Kämpfen und Streitigkeiten mit Frauenzimmern muß man ihnen den Triumph des Augenblicks lassen, nie aber sie merklich beschämen, denn das ist etwas, das ihre Eitelkeit selten verzeiht. (…) Auch die edelsten Weiber haben mehr abwechselnde Launen, sind weniger gleichgestimmt zu allen Zeiten als wir Männer. Reizbarere Nerven, die leichter zu allerlei Gemütsbewegungen in Schwingung zu bringen sind, und ein schwächerer Körperbau, der manchen unbehaglichen Gefühlen ausgesetzt ist, die wir gar nicht kennen, sind daran schuld.»

Sprechen Sie Slang?

Höfliche tun's nicht. Weder den Berufsslang, den nur Eingeweihte verstehen, noch den Dialekt ihrer Heimat (zumindest nicht in Gegenwart von Menschen, die woanders herkommen). Und Jugendliche verzichten gegenüber Erwachsenen auf ihre Szenesprache.

Hochdeutsch ist nicht Pflicht

Germanisten regen sich gern darüber auf, wenn andere «unsere schöne deutsche Sprache verhunzen». Besonders schriftlich. Wenn sie sich nicht an alle alten Grammatik- und neuen Rechtschreibregeln halten. Sie vergessen dabei:

Sprache ist so lebendig wie Kinder und Katzen. Verspielt. Innovationsfreudig. Abenteuerlustig. Sie bleibt nicht dort stehen, wo die Sprachregulierer sie einmal hingestellt haben. Goethe schrieb – nach heutigem Germanistenverständnis – völlig falsch. Luthers Schriften können die meisten Menschen gar nicht mehr im Original lesen – weil zu viele Wörter aus der (Sprach-)Mode gekommen sind oder heute eine andere Bedeutung haben als im 15. Jahrhundert. Deshalb gibt es unter Höflichen fürs mündliche wie auch fürs schriftliche Deutsch nur eine Regel:

Man spreche und schreibe so, dass alle Angesprochenen einen verstehen können. Mehr ist nicht notwendig. Oder genauer gesagt: Mehr ist von Übel. Wer sich heute wie Thomas Mann ausdrückt, wirkt hoffnungslos altmodisch. Wer aktuelle Umgangssprache schreibt (wie ich), macht nach Ansicht von Oberlehrern Fehler, aber er macht's den Lesern leicht (hoffe ich).

Wenn ein Kind durchs Eis bricht

Winter. Kinder schlittern über einen zugefrorenen Teich – und brechen ein. Selbstverständlich hilft jeder Erwachsene, der das sieht, oder? Leider nicht.

Immer wieder berichten die Medien, dass Menschen starr vor Schreck zusehen, wenn andere in Not geraten. Und nicht helfen. Ihren Schrecken gebrauchen sie später als Entschuldigung – oder ihr Nichtwissen, was denn zu tun sei.

Höflichkeitsfaktor minus 100! Es MUSS geholfen werden. Das gilt für das Kind, das im Winter durchs Eis bricht, und für den verletzten Autofahrer an einer Unfallstelle. Sofort.

Das Allermindeste ist der Handyanruf bei der Polizei. Und wenn Sie nicht wissen, was zu tun ist, bitten Sie bei diesem Anruf um Anweisungen.

Ich bin ein schlechter Schwimmer. Ertrinkende in einem großen See kann ich nicht retten. Aber ein Kind im Stadtteich? Da ist es Pflicht, ins Wasser zu springen. Ohne zu zögern. Und bei Autounfällen mit Verletzten weiß ich inzwischen:

Auch wenn das Erste-Hilfe-Wissen gleich null sein sollte – in eine stabile Seitenlage bringen kann jeder Mensch jeden Verletzten. Und mit ihm reden, auch wenn er ohnmächtig ist. Ihn zudecken – mit der eigenen Jacke, wenn sonst nichts zur Hand ist. Und bei ihm bleiben, bis die Profis kommen.

Für Nichthilfe gibt es keine Entschuldigung.

Wer redet hier von Ethik?

«Die Lehre vom menschlichen Handeln und ihre Rechtfertigung. Ihr Ausgangspunkt ist die Frage nach einer Moral, die gutes Leben, gerechtes Handeln und vernünftige, freie Entscheidungen ermöglicht.» So die moderne Lexikondefinition. Sie sehen: Bei ethischen Fragen geht es nicht nur um etwas so Veränderliches und so schwer zu Definierendes wie die «richtige» Moral. Das «gute Leben» soll mit dem «gerechten Handeln» und den «vernünftigen Entscheidungen» in Einklang gebracht werden.

Menschen mit hohem Höflichkeitsfaktor fällt das leichter als jenen, die ohne Rücksicht auf andere durchs Leben brettern. Weil die Höflichen ein Geländer besitzen, an das sie sich auch in moralisch sumpfigem Gelände festhalten können, einen inneren Kompass, der ihnen befiehlt: Tu das nicht.

Der deutsche Philosoph Immanuel Kant sagte vor rund 200 Jahren: Jeder soll so leben, dass sein Verhalten die Grundlage für Gesetze sein könnte, die von allen anderen anerkannt werden. Ziemlich viel verlangt. Ich glaube, wir verhalten uns im wahrsten Sinn höflich, wenn wir andere so anständig behandeln, wie wir selbst behandelt werden wollen.

Dafür bekommt man keinen Ethikorden. Den erhalten Sie erst, wenn Sie einen Fremden unter Missachtung der eigenen Sicherheit retten, wie Mutter Teresa, auf Ihr Bequemleben verzichten, um Armen in Indien zu helfen, oder als «Mediziner ohne Grenzen» im Urlaub Erdbebenopfer versorgen. Wer dieses Hochplateau der Ethik nicht erklettern kann, muss wenigstens im Normalleben höflich, also anständig bleiben.

So viel Etikette muss sein

Unpünktlichkeit	Computerbriefe	Pünktlichkeit
minus 100	Höflichkeitsfaktor normal	plus 100

Wie geht es Eurer Durchlaucht?

Schlecht, wenn er als «Hoheit» angesprochen werden möchte. Sollten Höfliche darauf Rücksicht nehmen? Ich finde – sie müssen es nicht tun! Heute kann niemand mehr verlangen, dass wir wissen, wie man einst eine Freifrau anzusprechen hatte: mit Baronin oder mit Baroness? Weil, wie in meinem Fall, der Name nicht erheiratet, sondern vom Vater geerbt wurde und für unverheiratete Freifräulein die Anrede «Baroness» korrekt ist? Ich weiß es nicht, und es ist mir auch egal.

In Deutschland wurden Adelstitel 1918 abgeschafft. Dummerweise setzte die Adelslobby durch, dass sie Teil des offiziellen Namens blieben. Wen kümmert es? Mich nicht. Fürstin Gloria von Thurn und Taxis sagt zwar: Absolut tabu: den Titel selbständig abzukürzen, also zum Beispiel aus einem Grafen einen «Herrn von» zu machen. Trotzdem hat es sich eingebürgert, und ich finde das gut so. Sie wollen trotzdem wissen, was einst «richtig» war und von manchen noch gefordert wird? Bitte:

Regierende Könige und Königinnen werden mit «Majestät» angeredet. Prinzen und Fürsten heißen «Hoheit», wenn sie aus Familien stammen, die einst Staaten regiert haben wie die Preußen oder die Bayern. Hoher Adel, der nicht regieren durfte, wird «Durchlaucht» genannt. Grafen begnügen sich mit dem Titel («Graf von …»), manche Freiherrn legen noch Wert auf die Anrede «Baron …».

Das Problem dabei: Höfliche Adelige lernen, sich nur mit dem Nachnamen vorzustellen. So wie ich mich am Telefon nur mit «Blomberg» melde (bei einer persönlichen Vorstellung sage ich meinen Vornamen dazu, also «Anne von Blomberg»), so stellt sich ein österreichischer Kaiserurenkel nur mit «Habsburg» vor. Seine Frau auch!

Wer dann nicht weiß, dass sein Geschlecht einst die Herrscher über das Heilige Römische Reich Deutscher Nation stellte und später der kaiserlichen und königlichen Monarchie Österreichs, redet ihn einfach mit «Herr Habsburg» an. Das muss er aushalten. Adel ist schließlich ein Konzept von vorgestern.

Für kirchliche Würdenträger gilt: Der Papst heißt im Gespräch «Heiliger Vater», ein Kardinal offiziell «Eminenz». Bischöfe und Äbte werden heute mit ihren Titeln «Herr Bischof» und «Herr Abt» angeredet. Ein Mönch heißt «Pater» und eine Nonne «Schwester».

Und wie steht es mit Regierungspräsidenten, Bürgermeistern, Professoren und Doktoren? Gönnen Sie ihnen ihre Titel. Die meisten haben schwer dafür gearbeitet, und sei es nur innerhalb ihrer Partei. Und bitte, hängen Sie für weibliche Würdenträger das «in» an den Titel. Auch wenn die Frau Bürgermeisterin oder Ministerin mit Feminismus nicht viel am Hut hat, wird sie meist nicht gern als Mann angesprochen.

Die höfliche Generalregel lautet deshalb: Wenn Sie von Adeligen oder modernen Amtsträgern etwas wollen, erkundigen Sie sich vorher, wie sie angeredet werden möchten – und richten Sie sich danach. Wenn sie Ihnen zufällig auf einer Konferenz oder einem Seminar begegnen, wenn Sie sie als Kollegen treffen oder auf einer Party, gibt es zwei Möglichkeiten:

1. Fragen Sie: «Wie soll ich Sie anreden?», oder
2. benutzen Sie den Namen, mit dem der Betreffende Ihnen vorgestellt wurde oder sich selbst vorgestellt hat. Ohne alle Titel.

Darf ich vorstellen?

Jeder Benimmkurs lehrt es: der Mann wird der Frau, der Jüngere dem Älteren, der niedriger Stehende dem höher Gestiegenen, der Bittsteller dem Sponsor vorgestellt. Ach ja, und natürlich der Nichtadelige dem Adeligen. Immer von unten nach oben, wobei Frauen hier ausnahmsweise als «oben» auftreten.

Vergessen Sie das oder machen Sie sich zumindest keine allzu großen Gedanken darüber. Jeder Mensch mit einem gewissen Instinkt für Hierarchie wird bei einer Vorstellung im Büro den Namen des Berufsanfängers vor dem des Firmenchefs nennen. Und wenn ich meinen 21-jährigen Sohn mit einer meiner Kolleginnen bekannt machen möchte, nenne ich ohne zu überlegen erst seinen, dann ihren Namen. Aber:

Wie sieht's auf einer Party aus? Bei einem Event? Da kommt es nicht darauf an! Meistens kann sowieso niemand beurteilen, wer «höher» steht. Oft ist auch das Alter nicht zu erraten. Besonders bei den über 50-Jährigen. Und ob sie nun ihm oder er ihr vorgestellt wird, kümmert niemanden. Zumindest nicht unter den Jungen, die heute auch beim Benimm den Ton angeben. Zu Recht.

Viel wichtiger: Stellen Sie Ihre Bekannten nicht nur mit dem Namen vor. Sagen Sie noch etwas Persönliches dazu. Auf einer Firmenkonferenz Lobendes aus dem Werdegang oder über die Arbeit des letzten Jahres. Beim Privatfest einen Satz über das Hobby des Vorgestellten. Immer etwas, das ihn kennzeichnet und – im Idealfall – für den anderen unvergesslich macht: Er weiß alles über Office-Software. Sie ist die beste Miles-and-more-Expertin, die ich kenne. Er mischt die raffiniertesten Salatsaucen. Sie war gerade auf einem Survival-Training.

Das erleichtert beiden das erste Gespräch. Und hebt das Höflichkeitsimage des Vorstellenden.

Wer grüßt zuerst?

Immer der Mächtigere, Vornehmere, Ältere den Schwächeren. So fordern es die alten Etiketteregeln. «Gar nicht um kümmern», meint der Hamburger stellvertretend für alle Höflichen. Lassen Sie sich nicht verwirren. Grüßen Sie nach Instinkt. Beim Bewerbungsgespräch nicht gerade mit «Hallo!» oder «Hi!», sondern mit dem altbewährten «Guten Tag». Ob Sie aber damit herausplatzen oder dem Chef das erste Wort überlassen, ist nicht mehr wichtig.

Ich empfehle in solchen Situationen: abwarten und durch Zurückhaltung die Eitelkeit des Gegenübers streicheln. Mehr als eine Spontanirritation, die schnell vergessen wird, erregt aber auch der nicht, der – aus Sicht des Gegenübers – fälschlicherweise zuerst grüßt.

Übrigens: Höfliche Menschen grüßen Anwesende auch, wenn sie einen Fahrstuhl betreten, ein kleineres Zugabteil oder ein familiäres Restaurant. Zumindest mit einem Lächeln und einem leichten Kopfneigen. Im Flugzeug, waggongroßen Zugabteilen und Bussen ist Grüßen unüblich. Schaden kann ein Lächeln beim Reindrängeln nicht.

Händeschütteln global

Auch beim Händeschütteln gilt für die Benimmexperten der alten Schule: Wer «oben» steht, reicht dem «unten» Stehenden die Hand. Bloß nicht umgekehrt.

Puhhh. Muss man sich das Leben so kompliziert machen und vor jeder Geste erst in einem Benimmbuch nachschlagen? Nein. Schon weil die meisten Menschen, denen man die Hand schütteln will, solche Etiketteregeln auch nicht kennen. Sie können sich also gar nicht beleidigt fühlen, wenn man im alten Sinn etwas «falsch» macht. Strecken Sie also Ihre Hand aus und – schütteln Sie die fremde. Vorsichtig. Der Arm des anderen braucht kein Fitnesstraining. Ein sanft-fester Händedruck genügt. Betonung auf «sanft».

Oder sollte man den Händedruck ganz sein lassen? Ihn durch Bussi rechts, Bussi links ersetzen? Oder den Hautkontakt unter Fremden ganz vermeiden?

Der Wangenkuss ist eine Frage der «Szene», in der man sich bewegt, und gehört ins Privatleben. Der Verzicht aufs Händeschütteln ist zumindest in Deutschland unmöglich. Alle strecken zur Begrüßung die Hände aus. Immer. Wer also eine Hand übersieht, benimmt sich – daneben. Das gilt auch für den größten Teil Europas.

In England und den USA wird seltener geschüttelt. Tut man's doch, gilt es als Freundlichkeit über das übliche Höflichkeitsmaß hinaus. Dort wartet man als Tourist oder Dienstreisender also am besten ab, ob die

Hand von Gastgeber oder Geschäftspartner einem entgegenkommt oder ob sie bewegungslos bleibt.

Dasselbe gilt in Asien. Schließlich gibt es dort eine breite Skala von fein abgestuften Verbeugungen mit festen Etiketteregeln, die den jeweiligen Neigungsgrad je nach Rang des Gegenübers vorschreiben. Sie gelten nicht nur in Japan, das berüchtigt dafür ist, sondern auch in China, Indien und Thailand. Also? Also abwarten. Geht es um Geschäfte, passen Asiaten sich fast immer den Fremden an – und schütteln Hände. Tun sie es nicht – wie wäre es dann mit einer eigenen Verbeugung? Auch wenn sie nicht so tief ist, dass die Haare nach vorn fallen (warum, glauben Sie, benützen so viele Japaner Haarspray der härtesten Sorte?), wird die Verbeugung «westlicher Barbaren» von Einheimischen als Zeichen der Höflichkeit empfunden.

Bei Südamerikanern und Südeuropäern bleibt Deutschen keine Sekunde des Zweifels. Entweder werden sie gleich umarmt (und oft geküsst), auch wenn sie gerade erst vorgestellt wurden, oder man schüttelt ihnen die Hand. Ohne Zögern und mit überwältigender Herzlichkeit.

Kommentar vom Freiherrn von Knigge: «Mache einigen Unterschied in Deinem äußern Betragen gegen die Menschen, mit denen Du umgehst, in den Zeichen von Achtung, die Du ihnen erweist. Reiche nicht jedem Deine rechte Hand dar. Umarme nicht jeden. Drücke nicht jeden an Dein Herz. Was bewahrst Du den Bessern und Geliebten auf, und wer wird Deinen Freundschaftsbezeigungen trauen, ihnen Wert beilegen, wenn Du so verschwenderisch in Austeilung derselben bist?»

Wann ist Handschrift höflich?

Bei Kondolenz-, Glückwunsch- und Liebesbriefen, sagen die alten Benimmlehrer. Ich sage: Quatsch! Zumindest wenn die Handschrift nicht gut lesbar ist. Auch für persönliche Briefe gilt:

Sie sollen dem Empfänger keine Mühe machen, sondern ihn trösten oder erfreuen. Muss er mühsam Handschriftliches entziffern, ärgert er sich. Und der gewünschte Effekt versinkt im Gekraxel.

Meine Empfehlung: Schreiben Sie allenfalls konservativen Herrschaften jenseits der 70 per Hand. Geben Sie sich dabei große Mühe, gut leserlich zu schreiben. Für alle anderen Briefe genügt heute ganz selbstverständlich der Computerausdruck oder die E-Mail. Für beides fordert die Höflichkeit allerdings:

Lesen Sie den Text vorm Abschicken durch. Lassen Sie das Rechtschreibprogramm drüberlaufen. Tippfehler nehmen persönlichen Briefen ihren «Ich hab mich um dich bemüht»-Charakter. Sie wirken extrem unhöflich!

Kommentar vom Freiherrn von Knigge: «Nimm Dir auch vor, nie irgendeinen ganz leeren Brief zu schreiben, in welchem nicht wenigstens etwas stünde, das dem, an welchen er gerichtet ist, Nutzen oder reine Freude gewähren könnte.»

Hochachtungsvoll …

Wie fängt «man» einen Brief an? Wie hört man ihn auf? Die alten Etikettelehrer, auch manch einer von heute, halten Folgendes für gutes Benehmen:

Schreiben Sie Ihre Adresse immer rechts in die Ecke. Streichen Sie in Privatbriefen auf vorgedrucktem Papier per Hand Ihren Titel (falls vorhanden) und Ihren Nachnamen durch. Benützen Sie den Titel des Empfängers nur in der Anschrift. Bei der Anrede lassen Sie ihn weg. Also nicht «Sehr geehrter (oder lieber) Herr Dr. X», sondern nur «Sehr geehrter (oder lieber) Herr X». Und die Abschlussformel heißt höflicherweise «Hochachtungsvoll Ihr …»

Blödsinn. Wo der eigene Name und die eigene Adresse im Briefkopf stehen, ist völlig egal. Das Papier muss angenehm aussehen. Deshalb darf Eigen- oder Firmenname auch in der Mitte oben aufgedruckt werden.

Empfänger plus seine Adresse stehen immer noch links, der Fensterumschläge wegen hat sich das eingebürgert. Das Datum steht als optisches Gegengewicht meist rechts. Durchstreichungen des eigenen Namen und Titels in Privatbriefen wirken nicht mehr höflich, sondern unordentlich.

Die Anrede? Wie es Ihnen richtig erscheint. «Sehr geehrte, sehr geehrter …» für Fremde, «Liebe Frau X» oder «Lieber Herr Y» für jene, die Sie schon einmal gesprochen haben. Mit Titeln wie «Herr Professor» oder lieber Dr. X»!

«Hochachtungsvoll» als Abschiedsgruß ist OUT. Ich kann wirklich nicht jedem Fremden gegenüber «Hochachtung» empfinden. «Mit freundlichem Gruß» oder unter Bekannten «mit herzlichem Gruß» und dann Ihre Unterschrift – das reicht völlig. Unter der noch mal Ihren Namen in Computerschrift? Nur wenn er nicht sowieso im Briefkopf steht oder der Brief auf weitere Seiten umläuft.

Übrigens: Eine «Betreff-Zeile» gehört bei allen geschäftlichen Briefen zum MUSS. Allerdings sieht es moderner aus, wenn das altmodische Wort «betreffs» nicht mehr vor dem Grund für den Brief steht. Schreiben Sie doch einfach an Ihre Bank «Bitte um einen Kredit» oder in die E-Mail an Ihren Chef «Gespräch über Gehaltserhöhung». Dann wissen die Ansprechpartner ohne langes Lesen Bescheid. Und:

Fassen Sie sich kurz! Außer wenn es um eine frische Liebe geht, will heute niemand mehr seitenlange Briefe lesen.

Halt mir mal die Tür auf!

Der Eintritt eines Paares in ein fremdes Haus glich früher einem zeremoniellen Tanz: Er öffnet die Tür, zum Beispiel zu einem Restaurant, aber auch zum Hotelzimmer, und hält sie für sie offen. Sie tritt ein, bleibt stehen, wartet. Er schlängelt sich an ihr vorbei – und geht als erster tiefer in den Raum, um sie vor Feinden oder frechen Blicken zu schützen. Erst dann folgt sie ihm.

Altmodischer Kram. Nur etwas davon hat der Zeitgeist aus der Vergangenheit ins 21. Jahrhundert gerettet: Einem anderen die Tür aufzuhalten gilt als Benehmen mit hohem Höflichkeitsfaktor. Das Neue: Nicht nur ihm steht es gut, sondern auch ihr.

Bei Paaren oder Kollegen, die gemeinsam unterwegs sind, heißt das: Wer zufällig als Erster auf eine geschlossene Tür zutritt, öffnet sie und verhindert mit festem Zugriff ihr Zurückschlagen oder macht bei Klapptüren zumindest eine entsprechende Handbewegung. Neben der festgehaltenen Tür stehen bleiben, sich den Folgenden zuwenden, sie durchgehen lassen und die Tür hinter ihnen wieder schließen gehört in Bürohäusern zu den freundlichen Gesten. Auch unarrogante Vorgesetzte wissen sie zu würdigen. Und sagen ein kurzes – Danke!

Auch unter Fremden sollte Türenaufhalten eine Selbstverständlichkeit sein. Im Kino. Im Fahrstuhl, wenn noch einer angelaufen kommt. Am Kaufhauseingang. Das gilt nicht nur, wenn Menschen mit Kinderwagen rein- oder mit Tüten in beiden Händen rauswollen.

Warum nicht? Es kostet keine Minute und stimmt den Rein- oder Rausgelassenen freundlich. Der gibt – so stelle ich mir vor – diese Freundlichkeit an einen Dritten weiter. Und so fort. Bis die vom Türaufhalter gezeigte Liebenswürdigkeit durch die ganze Stadt wandert und schließlich zum Initiator zurückkehrt, der inzwischen ganz woanders ein Lächeln gut brauchen kann.

Sag endlich «Bitte»! Und «Danke»!

Verblüffend. Diese beiden simplen Fünfbuchstabenworte sind schwerer auszusprechen als Quetzalcoatl oder Donaudampfschifffahrtsgesellschaftskapitän. Dabei sind sie das beste und billigste Schmiermittel, um Quietschen und Knarren im Motor der Gesellschaft zu verhindern. Warum werden sie so selten benutzt? Oder allenfalls von Kindern gegenüber den Eltern?

«Bitte, bitte! Schenk mir die neue Pokémonfigur, ein Handy, den Hilfiger-Pullover!» Kinder betteln ohne Hemmungen. Halten Erwachsene das Bitte deshalb für unwürdig?

Wenn es so sein sollte: Diese Meinung ist dumm. Wer «Bitte» sagt, bettelt nicht. Im Gegenteil. Er beweist dem Angesprochenen, dass er ihn als Menschen respektiert.

Ist Respekt ein zu großes Wort für so ein kleines Geben und Nehmen? Nein. Wer immer, wenn er von einem anderen etwas will, «Bitte» und nach dem Austausch «Danke» sagt, möglichst mit einem freundlichen Lächeln, legt Bretter über die Fallgruben des Zusammenlebens, gießt Öl auf Stresswogen, glättet Ärgerfalten. Beim Einkaufen, bei der Arbeit und erst recht in Partnerschaft und Familie. Da wird das «Bitte» und «Danke» besonders gern vergessen. Nach dem Motto: Die anderen wissen doch, dass ich sie mag oder sogar liebe. Das muss ich wirklich nicht ständig durch einen hohen Höflichkeitsfaktor zeigen, oder?

Doch, ich muss. Auch Partner sind Menschen. Sie wollen nicht nur handfest, sondern ebenso mit Worten gestreichelt werden. Und ein Kind lernt nicht, wie nützlich «Bitte» und «Danke» sind, wenn die Eltern es ihnen nicht vormachen!

Wie alle Etiketteregeln, auch die aktuellen, regulieren «Bitte» und «Danke» das Leben wie Verkehrszeichen. Sie bremsen die Raser, die ohne Benimmvorschriften wie Rowdys durch die Gesellschaft brettern würden. Sie geben den Bitte & Danke-Bürgern freie Fahrt. Ohne sie würde der Stress des Zusammenlebens jeden auf die Palme und durch die Decke treiben.

Sind wir Affen?

Auch wenn unsere Gorilla-Gene uns manchmal zum großen Affentanz aufhetzen – «Bitte» und «Danke» wirken zwischen Menschen wie Fellpflege zwischen Schimpansen: Sie stimmen das Alphamännchen freundlich und lassen dem Randaffen Raum zum Leben.

Also, wie wär's? Sie brauchen nicht dem Beispiel des Dalai Lama und anderer Heiliger zu folgen, die aus Überzeugung höflich sind, weil sie noch dem miesesten Dreckskerl oder der giftigsten Hexe eine unsterbliche Seele zusprechen.

Schön und edel! Aber das bringen wir Durchschnittstypen nicht. Beim Käseeinkauf «Bitte» zu sagen statt zu befehlen und «Danke» statt gar nichts – das können auch wir. Genauso angebracht ist ein «Danke» gegenüber dem Partner für Müll rausbringen, Lieblingswurst kaufen,

Ich-komm-später-Anruf und ein «Bitte» & «Danke» für den Kollegen, der einem hilft, weil man immer noch nicht mit der neuesten Firmensoftware umgehen kann.

Machen Sie es sich leicht. Sagen Sie «Bitte». Und «Danke». Und als Antwort darauf vielleicht sogar «Gern geschehen». Es macht nicht nur das Leben anderer angenehmer, sondern auch Ihres. Versprochen.

Bitte anklopfen!

Ob eine Zimmertür geschlossen, angelehnt oder halb offen ist – höfliche Menschen klopfen an! Kurz, aber hörbar.

Die gängigen Etiketteregeln behandeln diesen Punkt widersprüchlich. Mal für, meist gegen das Anklopfen. Besonders zu Hause. Da, meinen viele Benimmlehrer, habe jeder das Recht, ohne Klopfen in jedes Zimmer zu gehen.

Nein! Im Beruf wie in der eigenen Wohnung ist das Klopfen eine freundliche Warnung an denjenigen, der sich hinter der Tür aufhält: Hallo, hier will jemand etwas von dir. Nimm den Finger aus der Nase, produzier ein Lächeln, leg die PC-Maus aus der Hand.

Auf ein «Herein» wartet der Klopfer nur, wenn er vor der Cheftür steht, in einer fremden Abteilung oder erst recht in einem anderen Unternehmen ist. In der eigenen Firma klopft er – und tritt ein. Zu Hause auch.

Sie finden es blöd, beim Partner, mit dem Sie seit Jahren zusammenwohnen, anzuklopfen? Ihre Entscheidung. Sie würde es nicht stören, also gehen Sie davon aus, dass es ihn auch nicht ärgert? Mag sein. Auf jeden Fall sollten Eltern nicht ohne Klopfen ins Zimmer eines Teenagers gehen. Kein Junge will überrascht werden, wenn er den Playboy liest oder im Internet Sex-Sites bewundert. Jedes Mädchen hasst es, wenn die Eltern sie ohne Anklopfen beim SMS-Schreiben auf dem Handy stören.

Pünktlichkeit ist Pflicht!

Heute ist Pünktlichkeit die Pflicht jedes einzelnen Menschen. Wer unpünktlich ist, also mehr als die meist tolerierte Viertelstunde zu spät zu einer Verabredung kommt, ist schlicht unhöflich. Und wenn er sich nicht per Handy im Voraus fürs Zuspätkommen entschuldigt, ist er ein echter Stoffel. Höflichkeitsfaktor minus 20!

Das gilt für private Verabredungen. Bei dienstlichen Terminen sind allenfalls fünf Minuten Zuspätkommen tolerabel. Falls der Chef sich das Recht dazu nimmt, lassen wir ihm diese Machtdemonstration, wenn er sie denn nötig hat. Als Untergebener, erst recht wenn man selbst um den Termin gebeten hat, sollte man eher zu früh als zu spät da sein – und auf die Minute genau an die Cheftür klopfen. Das wirkt kompetent und zeigt Zuverlässigkeit. Und wenn man sich tatsächlich verspätet, sollte man eine wirklich gute Entschuldigung haben. Im Stau stecken geblieben zu sein reicht hier genauso wenig wie ein kaputter Fahrstuhl!

Halt die Hand vor den Mund!

Muss man es sagen, dass beim Gähnen eine Hand vor den Mund gehört? Ist das nicht selbstverständlich? Ist es nicht. Ist es wichtig? Auch das nicht, aber ein Zeichen für schlechtes Benehmen ist der weit aufgerissene Mund trotzdem. Weil es hässlich aussieht und jeder höfliche Mensch anderen seine eigene Hässlichkeit erspart.

Hiermit beschwere ich mich

Tun Sie es, wenn Sie wirklich einen Grund dazu haben, aber tun Sie es höflich, sachlich, ohne zornige oder gar beleidigende Worte. Und beschweren Sie sich schnell. Viele Kellner kennen Gäste, die erst alles aufessen, was auf ihrem Teller liegt, und hinterher nur die Hälfte bezahlen wollen, weil das Essen angeblich nicht schmeckte, zu kalt, versalzen oder zu scharf war.

Sinnlos. Genauso vergeblich, wie sich erst nach vier Wochen über den Baumarktverkäufer zu beschweren, der Sie beim Kauf des Heimbohrers wie eine Minderjährige behandelt hat. Entweder gleich oder gar nicht, heißt die einzige brauchbare Direktive in solchen Fällen. Höfliche Menschen überlegen allerdings vorher, ob sich eine Beschwerde überhaupt lohnt – und verzichten darauf, wenn sie nur dazu dient, den eigenen Ärger zu beschwichtigen.

Wie halten Sie es mit dem Sex?

Sex mit Kindern	Alle anderen Möglichkeiten	Sex allein
minus 100	Höflichkeitsfaktor normal	plus 100

Fass mich nicht an – oder doch?

Die spinnen, die Amerikaner. In den USA gibt es – besonders an Colleges – lange Vorschriftenlisten, wie Mädchen und Junge sich sexuell nähern dürfen. Politeness-Regel Nummer eins: Er muss immer wieder fragen, ob sie mit seinen Aktionen einverstanden ist. Darf ich dich auf die Backe küssen? Ja/nein. Darf ich dich auf den Mund küssen? Ja/nein. Darf's vielleicht auch ein Zungenkuss sein? Ja/nein. Darf ich mich dabei an dich pressen? Ja/nein. Darf ich deinen Busen streicheln? Meine Hand zwischen deine Beine schieben? Deinen BH öffnen? Und so weiter. Vom Küssen übers Petting bis zur Penetration. Damit sie jederzeit sagen kann: Bis hierher und nicht weiter.

Kein Witz, sondern der Versuch, starke Jungs an der Überwältigung schwacher Mädchen zu hindern, aber auch weibliche Klagen gegen sexuelle Übergriffe der Männer abzublocken: Hält er sich ans Regelwerk und sie sagt ja, kann sie sich hinterher nicht mehr beklagen.

Wie die Wirklichkeit aussieht? Keine Ahnung. Der Höflichkeitsfaktor ist zumindest offiziell sehr hoch. Und wie steht's mit Benimmregeln für den europäischen Sex?

Geben wir es zu: Frauen verzeihen Männern immer noch erstaunlich viele Übergriffe. Aus Liebe, aber auch aus Scham. Weil sie nicht rechtzeitig nein gesagt haben. Dabei ist eines klar:

Heute gehört zum guten Ton weit mehr Zurückhaltung der Männer, als unsere Väter sie üben mussten. Gegen anzügliche Witze, schrille Pfiffe und Pokneifen (politisch korrekt: sexuelle Berührungen), sogar gegen das Foto vom Pin-up-Girl im Männerspind kann beim Betriebsrat oder vor Gericht geklagt werden. Das findet der eine oder andere übertrieben (die eine oder andere auch), aber es schützt Schwache.

Macho-Manieren sind out. Das gilt aber umgekehrt auch für jene Frauen, die heute noch gern zurückzahlen möchten, was ihren Großmüttern vielleicht angetan wurde, und die selbst sexuell aggressiv werden. Darüber hinaus muss jeder und jede im Umgang mit dem anderen Geschlecht eigene Benimmregeln austesten. Seit Sex so öffentlich ist wie Essen, seit keiner mehr genau definieren kann, wo Flirt (typischerweise ein Wort, das junge Leute nicht mehr benutzen) aufhört und ein sexueller Übergriff anfängt, bleibt nur die ganz altmodische Höflichkeit als Leitfaden übrig.

Für Männer: Behandle jede potenzielle Sexpartnerin so, wie andere Männer deine Tochter oder deine Schwester behandeln sollen.

Für Frauen: Benimm dich gegenüber Männern, die dich interessieren, so, wie du es deiner besten Freundin empfiehlst – vorsichtig oder frech, aber auf jeden Fall so selbstbewusst, dass dein eventuelles Nein vom männlichen Gegenüber akzeptiert werden muss.

Sex mit dem liebsten aller Menschen

Andy Warhol soll's gesagt haben: Masturbation ist Sex mit dem liebsten Menschen, den man kennt – und heute, endlich, keine Sünde mehr, sondern die reine Lust. Ohne ein schlechtes Gewissen zu haben! Schließlich kann nur der höflich zu anderen sein, der es auch zu sich selbst ist. Bis zum Orgasmus.

Sag zum Abschied leise – gar nichts?

Die Nacht war lustvoll, aufregend, befriedigend. Mehr nicht. Kein Grund, um sich wieder zu sehen. Darf man sich heimlich aus der fremden Wohnung schleichen, während der Stundenpartner noch schläft?

Man darf. Allerdings: Ein kurzes «Danke! Schön war's!» auf einem Kopfkissenzettel zeigt gutes Benehmen.

Kuscheln statt Sex

Frauen wollen es häufiger als Männer – nur kuscheln, streicheln, küssen, vielleicht ein bisschen Petting. Mehr nicht. Muss er sich an ihren Wunsch halten?

Muss er, aber sie hat ebenfalls eine Höflichkeitspflicht. Sie muss vorher sagen, dass sie nur Petting will und ihn vielleicht mit Hand und Mund befriedigen.

Sag mir, wie du's gern hast!

Die totale Verschmelzung von Ich und Du ist ein wunderbarer Traum, aber in der Wirklichkeit selten. Deshalb kann ein Partner auch nicht spontan wissen, was dem anderen beim Sex am besten gefällt. Höfliche Menschen fragen – und äußern die eigenen Wünsche.

Für einen Quickie ist das meist überflüssig. Da reicht die spontane Leidenschaft oft nur zum schnellen und einfachen Sex. Für längere Beziehungen ist das Reden wichtig. Hier sollte es keine Geheimnisse geben, denn Lust ist immer auch Abenteuer, die Suche nach neuen Möglichkeiten, und die entdeckt man am schnellsten, wenn jeder sagt, worauf er Lust hat.

Gehört dazu auch das gemeinsame Gucken oder Inszenieren von Pornos? Sadomaso? Sklavenspiele? Gruppensex? Nur wenn es beide wollen, denn hier zwingt keine Höflichkeit zum Nachgeben. Wer keine Lust hat, darf und soll nein sagen! Immer.

Der Freund der besten Freundin

Anständige Frauen lassen ihn natürlich in Ruhe. Genauso wie anständige Männer nichts mit der Frau des Freundes anfangen. Zurückhaltung und Verzicht haben schließlich einen sehr hohen Höflichkeitsfaktor, aber wenn die Liebe zu groß ist? Oder zumindest die Lust auf Sex mit ihm oder ihr?

Tun Sie, was Sie nicht lassen können – und halten Sie den Mund. Eisern! Keine Geständnisse der Freundin, dem Freund gegenüber. Nicht mal Jahre später! Oder ein offenes Geständnis, wenn es sich wirklich um gegenseitige Liebe handelt. Auch wenn es die Freundschaft zerstört.

Wer ist der Fremde in deinem Bett?

Eifersucht. Ohne die gibt's keine Liebe – zumindest nicht in jungen Jahren, wenn Sex, Liebe und Besitzdenken noch nahtlos ineinander übergehen. Verliebte wollen den Geliebten für sich allein, ganz und ausschließlich. Da weckt schon der freundliche Blick des Partners auf einen Menschen des anderen Geschlechts Mordgelüste.

Eine Frage des Alters, des Erwachsenwerdens, der Erfahrung. Da lernt auch der Eifersüchtige irgendwann: Reg dich ab. Nicht jeder Seitensprung bedeutet, dass er dich nicht mehr liebt. Lass ihn. Er kommt zu dir zurück.

Spätestens nachdem einer den anderen bei der Untreue ertappt hat, fragt sich auch der wenig Eifersüchtige und Besitz Ergreifende: Wie steht's mit unserer Liebe? Hält die das aus?

Sie tut es meist nicht. Treue fordern heute besonders die Jüngeren als absolutes Muss für eine gute Beziehung. Wird einer untreu, reißt man sich die Liebe aus dem Herzen wie Unkraut. Serielle Monogamie nennen Fachleute das und prophezeien: Sie ist die Eheform der Zukunft.

Schade, denn Eifersucht tut entsetzlich weh, und dass immer mehr Menschen sie mit Liebe verwechseln, sich eher scheiden lassen als auch mal einen Seitensprung zu tolerieren, vermindert die Schmerzen nicht.

Wirklich anständige Menschen verzichten deshalb auf die Lustgelegenheiten außerhalb ihrer festen Beziehung. Sie denken mehr an das Glück des Partners als an die eigene Befriedigung. Solche Rücksichtnahme ist selten. War es immer, wird es immer sein. Lassen wir also in diesem Fall den Anstand beiseite und beschränken uns auf die Höflichkeit, und diese fordert zumindest:

Halten Sie sich beim Trennungsstreit zurück. Geben Sie Ihre Schuld zu, wenn Sie die oder der Untreue waren. Machen Sie dem anderen keine allzu großen Vorwürfe, wenn der Ihnen untreu wurde. Nach dem Motto der katholischen Kirche: Wir sind allzumal Sünder. Oder anders gesagt: Es hätte Ihnen auch passieren können.

Kommentar vom Freiherrn von Knigge: «In der Ehe ist Eifersucht ein schreckliches, Ruhe und Frieden störendes Übel, und jeder Streit von bösen Folgen; in der Liebe hingegen wirkt Eifersucht neue Mannigfaltigkeit hinein; nichts ist süßer als der Augenblick der Versöhnung nach kleinen Zwistigkeiten, und solche Szenen knüpfen das Band fester.»

Die Zärtlichkeit danach

Dass Frauen ein längeres Vorspiel brauchen und lieben, hat sich hoffentlich herumgesprochen. Dass sie auch hinterher gern noch kuscheln, Zärtlichkeiten flüstern und erlebte Lust kommentieren, nervt viele Männer. Sie wollen nach einem Orgasmus nur eines: schlafen. Höfliche Frauen richten sich danach! Ab und an.

Hattest du einen Orgasmus?

Das ist eine blöde, aber oft gestellte Frage. Falls nicht, wurde er vorgetäuscht, um dem Partner Liebe und Zärtlichkeit zu zeigen. Und wer das im Nachhinein zugäbe, würde den Liebeseffekt zerstören.

Über vorgetäuschte Orgasmen ist viel diskutiert worden. Besonders unter Feministinnen, die ihn verdammt haben. Als Unterordnung der Frau unter die Wünsche des Mannes. Na und? Wenn ich einen Mann genügend mag, um auch ohne große Lust mit ihm Sex zu haben, und wenn ich dann mal nicht zum Höhepunkt komme – meine Sache. Außerdem können auch Männer einen Orgasmus vortäuschen, und sie tun's. Aus Liebe zur Partnerin. Oder weil sie das indische Tantra studiert haben, bei dem der Orgasmus zugunsten stundenlanger Sexspiele vermieden wird. Deshalb finde ich: Ein vorgetäuschter Orgasmus verdient den Höflichkeitsfaktor 100! Und ich finde außerdem:

Lange Jahre wurde er zu einem Fetisch der Frauenemanzipation gemacht. Wenn sie ihn nicht bei jeder sexuellen Begegnung erlebte, galt eine Frau als nicht vollwertig. Inzwischen haben wir gelernt:

Sex lässt sich auch ohne Orgasmus genießen. Nicht immer, bloß nicht, aber ab und zu.

Sex aus dem Internet

Das Internet ohne Sex? Es wäre das Kommunikationsnetz für Wissenschaftler geblieben, als das es einst eingerichtet wurde. Nicht E-Commerce und nicht das Informationsangebot machen es zum globalen Menschenfänger, sondern seine Sexangebote. Vom harmlosen Chatroom-Flirt bis zum Hardcore-Porno. Es ist immer erreichbar, für die meisten offensichtlich preiswert genug und bietet mehr Abwechslung als alle realen Kontakte.

Ist es anständig, sich im Netz Befriedigung zu holen, wenn man in einer festen Partnerschaft lebt? Betrügt ein Mann seine Frau, wenn er sich an den Pornoqueens im Internet aufgeilt?

Meiner Meinung nach – nein. Solange er die echte Partnerin nicht vernachlässigt, sich durch die virtuellen Kontakte nicht die Zeit für reale Bettspiele nehmen lässt. Und wenn einer seine Sehnsucht nach Sadomaso virtuell auslebt, weil der Partner keine Lust dazu hat, kann das fürs Zusammenleben sogar gut sein.

Widerlich ist und bleibt auch im Internet Sex mit Kindern und Gewaltpornos. Manch einer entschuldigt sich damit, dass er dort seine Phantasien nur virtuell auslebt, also in der Realität nichts Schlimmes tut. Aber: Damit er sich seine Ekelwünsche virtuell erfüllen kann, müssen Videos mit echten Kindern gedreht, muss Folter vor der Kamera produziert werden. Dafür gibt es keine Entschuldigung.

Soll ich heute mein Viagra nehmen?

Die Erektionspille. Jeder Kerl ein sexueller Supermann. Bis ins hohe Alter. Wunderbar, weil auch die Frauen davon profitieren. Höfliche Männer fragen ihre Partnerinnen jedoch vor der Einnahme, ob sie an diesem Abend auch wirklich Lust auf den Dauerständer hat. Sonst wird aus Lust für beide Frust.

Abtreibung oder nicht?

Es gibt Frauen, die nach einem positiven Schwangerschaftstest beschließen: Ich will dieses Kind – egal was er dazu sagt. Und das Gesetz gibt ihnen sogar finanzielle Freiheit: Er muss mindestens die nächsten 18 Jahre lang bezahlen, selbst wenn er nicht Vater werden wollte.

Das hat eine gewisse Logik. Schließlich hätte er ein Kondom anziehen können, statt sich darauf zu verlassen, dass sie verhütet. Fair finde ich es trotzdem nicht. Auch wenn Feministinnen das Recht der Frau auf ein Baby sogar gegen den Willen des Vaters vehement vertreten. Ein gutes Einvernehmen der Eltern ist für das Kind zu wichtig. Eines Tages wird es nach seinem Vater fragen und ein positives Bild von ihm brauchen, um zu einem glücklichen Menschen heranzuwachsen.

Ich meine: Eine Frau, die kein Kind bekommen will, hat selbst dafür zu sorgen, dass sie nicht schwanger wird. Durch eigene Verhütung oder durchs Bereithalten von Kondomen. Alles andere ist nicht nur unhöflich, es vermindert die Glückschancen eines zufällig gezeugten Kindes. Und das sollte sich eine Frau, die vom eigenen Baby träumt, doch sehr genau überlegen.

Mein Lover ist 20 Jahre jünger

Wenn Männer mit 50, 60 oder noch mehr Jahren plötzlich mit einer jungen Frau an ihrer Seite auftreten, berichten alle Klatschmagazine darüber, aber niemand regt sich auf. Auch der ältere Mann hat ein Recht auf Jugend, oder?

Ältere Frauen, die mit einem jungen Mann zusammenleben, bekommen mehr Schwierigkeiten, obwohl sie dafür längst nicht so häufig einen altgedienten Ehepartner an die Luft setzen wie die Männer. Macht man das? Darf sich eine Frau jenseits der 40 ebenso mit einem jugendlichen Partner schmücken wie ihre männlichen Altersgenossen?

Sie darf! Selbstverständlich! Und kein höflicher Mensch hat das Recht, hinter ihrem Rücken zu lästern. Männer schon gar nicht. Und wie stellt sie ihn vor? «Mein neuer Freund»?

Da Höflichkeit durch die Rücksichtnahme auf die Gefühle anderer definiert wird, betont sie die sexuelle Komponente ihrer Beziehung besser nicht, sondern stellt den Lover nur mit seinem Namen vor. Und hält nicht in aller Öffentlichkeit Händchen, wie es prominente Männer gern in Talkshows machen, wenn sie ihre «Neue» präsentieren.

Das ist zwar ungerecht, aber höflich. Wenn die Gesellschaft noch zu altmodisch ist, um Frauen auch in diesem Fall dieselben Rechte zuzugestehen wie Männern, sollte man Rücksicht darauf nehmen. Zumindest wenn man sich in dieser Gesellschaft tummeln will …

Küss mich, auch wenn alle zuschauen!

Ach, junge Liebe! So murmeln oder denken die Alten, die ein küssendes Paar sehen. Nur wenige Verknöcherte regen sich über angeblich schlechtes Benehmen auf. Küsse in der Öffentlichkeit sind heute erlaubt! Und wer sie schamlos findet, kann woanders hinschauen.

Heute Abend nicht, Liebling!

Er will Sex, sie nicht. Oder umgekehrt. In idealen Partnerschaften sagt man sich das ehrlich – ohne dass der Lustsucher es gleich als mangelnde Liebe interpretiert. Da die wenigsten Beziehungen so ideal sind, wird meist gelogen, wenn er oder sie keine Lust hat. Mit Recht. Kleine Unwahrheiten in liebenswürdiger Verpackung streicheln die Seele des Zurückgewiesenen. Also lieber Kopfweh vorschützen als kalt ablehnen.

Hast du ein Kondom da?

Höfliche Menschen haben es dabei. In der Brust- oder Handtasche. In der Nachttischschublade, im Bad. Immer. Schließlich dient das Kondom nicht nur der Kinderverhütung, sondern auch dem Krankheitsschutz. Heute ist es im Umgang mit unbekannten oder Gelegenheitspartnern eine grobe Unhöflichkeit, wenn ein Mann ohne antritt. Weil seiner Höflichkeit nicht immer zu trauen ist, sorgen kluge Frauen selbst für einen Vorrat. Und lassen die Finger von allen, die keines anziehen wollen. Im Zeitalter von Aids ist das keine Unhöflichkeit, sondern eine grobe Unverschämtheit, und welche Frau will schon einen unverschämten Grobian im Bett?

Zu mir oder zu dir?

Gab's früher tatsächlich Männer, die eine Frau zur Besichtigung ihrer Briefmarkensammlung einluden, wenn sie Sex wollten? In Romanen aus der Mitte des 20. Jahrhunderts wird so etwas geschildert. Kaum zu glauben, dass die Gesellschaft mal derartig spießig war.

Heute sind die besten Fragen die direkten: Hast du auch so viel Lust? Das wäre eine freundliche Möglichkeit, ist aber unüblich. Als höfliches Benehmen gilt stattdessen die klare Einladung: Komm zu mir! Oder die Erkundigung: Wo wohnst du? Gehen wir zu dir?

Von der Heirat bis zur Scheidung

Prügelnde Ehemänner	Partnerschaft ohne Ehe	Kein Drama bei Seitensprung
minus 100	Höflichkeitsfaktor normal	plus 100

Willst du mich heiraten?

Wer fragt heute wen? Macht er immer noch den Heiratsantrag, oder darf sie es auch?

Sie darf. Selbstverständlich! Warum soll immer nur er die Angst vor einer Ablehnung aushalten?

Welchen Namen trägt Ihre Frau?

Endlich haben auch Frauen die Wahl. Wenn sie heiraten, können sie bei ihrem Familiennamen bleiben, einen Doppelnamen wählen oder den Namen des Mannes annehmen. Und umgekehrt. Allerdings lehnen die meisten Männer eine Namensänderung durch Heirat ab. Das ist unhöflich, aber wahrscheinlich so schnell nicht zu ändern. Deshalb bleibt es eine Höflichkeitsfrage an Frauen:

Wie heißt du nach der Heirat?

Ich bin bei meinem Namen geblieben, weil ich es eine Unverschämtheit finde, einem der beiden Partner seine gewohnte Identität zu nehmen. Aber ist das höflich?

Ich finde ja, schon weil die zweite Möglichkeit, die Wahl eines Doppelnamens, eine Zumutung für andere ist. Mein Mann hat mich deshalb einfach als «meine Frau» vorgestellt. Das reichte. Ging es um Kollegenkontakte, konnte ich interessanten Gesprächspartnern immer noch die eigene Visitenkarte geben.

Ich gebe zu: Ich war mit einem besonders großzügigen und verständnisvollen Mann verheiratet. Viele andere interpretieren den Wunsch der Partnerin, ihren eigenen Namen zu behalten, als mangelnde Liebe. Blöd, aber weil die Realität so ist, bleibt höflichen Frauen manchmal nur ein Ausweg:

Sie müssen im Standesamt einen Doppelnamen annehmen, im Privatleben den des Mannes benutzen – und im Beruf beim eigenen bleiben. Dann merkt zwar niemand, dass man einen Ehemann gefunden hat (was die meisten Frauen wollen), aber kein Bekannter muss sich an den neuen Namen gewöhnen. Eine große Höflichkeit gegenüber Kollegen!

Ohne Ehevertrag keine Heirat?

Immer mehr Menschen schließen vor der Hochzeit einen Ehevertrag ab. Besonders wenn einer viel, der andere wenig Geld hat. Meist geht's dabei um die Pflichten bei einer Scheidung. Dann wird paragraphenmäßig geregelt, wie viel Vermögen oder Unterhalt beiden zusteht, ob das in die Ehe eingebrachte Geld auch wieder mitgenommen werden kann und wem die vielleicht geplanten Kinder «gehören».

Höflich ist das nicht. Will ich einen Mann, der vor der Hochzeit von mir schriftlich haben will, worauf ich nach einer Scheidung verzichten muss? So jemanden hätte ich nie geheiratet. Klar, kaum ein Paar schließt heute beim Heiraten die Möglichkeit einer Scheidung aus. Keiner gibt's zu, aber beide wissen: Ob sie gemeinsam goldene Hochzeit feiern, ist höchst ungewiss. Da macht es – zumindest aus der Sicht von Juristen – natürlich Sinn, rechtzeitig festzulegen, was wem zusteht.

Verträge, in denen einer, meist die Frau, auf jeden Unterhalt für sich und eventuelle Kinder verzichtet, sind rechtswidrig. Der Bundesgerichtshof beschloss es 2001. Gütertrennung – beiden bleibt das Vermögen, das sie in die Ehe eingebracht haben – ist legal.

Für ein großes Zutrauen zwischen den Heiratenden spricht es nicht. Ich würde in so einem Fall lieber auf die Hochzeit verzichten.

Der Brautvater bezahlt!?

Noch für unsere Urgroßeltern galt: Wollte ein Mädchen geheiratet werden, hatte es eine anständige Aussteuer mit in die Ehe zu bringen. Darunter fiel alles, was für die Einrichtung einer gemeinsamen Wohnung notwendig war. Von der Bettwäsche bis zum Kochlöffel.

Übrig blieb von diesem Brauch die Forderung an den Brautvater, dass er die Hochzeit bezahlt. Vom Brautkleid bis zum Sektempfang. Muss er das heute noch? Seine «Pflicht und Schuldigkeit» ist es nicht mehr. Schließlich hat er reichlich in die Ausbildung der Braut investiert (deshalb verschwand auch die Aussteuer). Er tut's meistens trotzdem. Weil er seine Tochter liebt und ihr einen schönen «schönsten Tag» schenken will. Und weil er sich vor den Eltern des Bräutigams keinen Geiz vorwerfen lassen möchte.

Ganz in Weiß mit einem Blumenstrauß

Weiß war für Frauen früher die Farbe der Jungfräulichkeit. Deshalb waren Brautkleider weiß. Heute, da 99 Prozent der Ehen eine längere Zeit des Zusammenlebens vorausgeht, kann von «Unschuld» der Braut natürlich keine Rede mehr sein. Trotzdem hat sich Weiß als Hochzeitsfarbe gehalten. Weil es so schön ist! Und so schön nostalgisch. Selbst wenn nur auf dem Standesamt und nicht in der Kirche geheiratet wird.

Darf auch eine geschiedene Frau in Weiß heiraten? Etiketteregeln dafür gibt es nicht und sollte es auch nicht geben. Üblich ist es nicht.

Muss man heute überhaupt noch heiraten?

Nein. Nach meinem ersten, alles in allem sehr glücklichen Versuch habe ich es nie wieder getan. Noch nicht einmal, als ich schwanger wurde. Wozu? Nur um irgendwann viel Geld für eine Scheidung ausgeben zu müssen, wenn es zwischen dem Vater meines Kindes und mir nicht mehr klappt? Bloß nicht.

Die meisten Menschen heiraten lieber, als ohne offizielle Bestätigung zusammenzuleben. Deshalb wird die Zahl der deutschen «Ehen» ohne Trauschein auch nur auf drei Millionen geschätzt. Sie wächst jedoch von Jahr zu Jahr. Weil immer mehr Frauen und Männer der Meinung sind: Wir brauchen für unsere Liebe nur uns, keinen Standesbeamten.

Das ist heute korrektes Benehmen. Selbst den Kindern gegenüber, die aus solchen Verbindungen zwischen Lebensabschnittspartnern hervorgehen. Solange Mutter und Vater sich liebevoll um sie kümmern – auch nach einer Trennung! –, vermissen sie nichts. Sie sind sogar dem «unehelichen» Vater gegenüber erbberechtigt.

Dass sie nicht seinen Namen, sondern den der Mutter tragen? Das wird die Psyche eines Kindes nicht verletzen, wenn beide ihm liebevoll erklären, warum sie auf den staatlichen Segen verzichtet haben. Lassen Sie sich etwas Einleuchtendes einfallen!

Wir zeigen hiermit an …

Hochzeitsanzeigen in Zeitungen sind immer noch gang und gäbe, notwendig sind sie nicht. Niemand zeigt Unhöflichkeit, wenn er die Heirat nur im Freundeskreis bekannt macht, eher im Gegenteil: Verlobungs-, Heirats- und Geburtsanzeigen dienen in erster Linie der eigenen Eitelkeit. Seht alle her, was ich geschafft habe!

Wer sie mag – warum nicht? Sie schaden ja nur dem eigenen Geldbeutel. Wer darauf verzichtet, beweist Zurückhaltung.

Die Hochzeitsgeschenkeliste

Sie sind natürlich praktisch, die Hochzeitsgeschenkelisten, aus denen sich alle Eingeladenen aussuchen dürfen, was sie dem glücklichen Paar schenken sollen. Ich empfinde solche Listen als direkte Aufforderung zum Schenken, und das mag ich nicht. Es sieht mir zu gierig aus. Andererseits erspart die Geschenkvorauswahl den Empfängern drei hässliche Vasen, Töpfe, die sie nicht brauchen, und Geschirr, das nicht zum vorhandenen passt. Deswegen gilt: Vernünftig denkende Hochzeiter können mit gutem Gewissen Geschenkelisten verteilen. Höfliche Glückwunschbringer richten sich nach ihnen.

Zwei Homos und ein Kind

Die Homo-Ehe kommt. Die ersten juristischen Schritte auf dem Weg dorthin sind getan. Noch zuckt manch einer zusammen, wenn ein Mann seinen Freund mit den Worten vorstellt: «Mein Ehepartner». So ein Zusammenzucken ist unhöflich, aber normal. Wir müssen uns erst daran gewöhnen, dass Ehen nicht mehr ausschließlich zwischen Mann und Frau geschlossen werden. Genauso wie an zwei Männer mit Kind. Bis sie es adoptieren dürfen, wird noch reichlich diskutiert werden. Gesetzesänderungen dauern immer noch länger als die Umstellung der Gesellschaft vom Althergebrachten zu Neuem. Das ist nicht zu ändern, aber Höfliche wissen schon heute: Männer, auch homosexuelle, sind keine schlechteren Eltern als Frauen. Wir haben deshalb kein Recht, ihnen die Freude am Kind durch Adoption eines fremden Babys vorzuenthalten.

Er liebt Barock, sie Chrom und Glas

Zwei ziehen zusammen, weil die Liebe Nähe will. Aber will sie auch seine Nussbaumschrankwand? Und er ihre Chrom-Glas-Wohnzimmereinrichtung?

Wenn beide höfliche Menschen sind (und wer ist das nicht, wenn man sich gerade zum Zusammenziehen entschlossen hat?), schließen sie Kompromisse – und sind beide unzufrieden. Weil zwei so unterschiedliche Einrichtungsstile gemischt einfach scheußlich aussehen.

Die alte Lösung des Geschmackskonfliktes: Sie bekam die Stylingzuständigkeit für Küche, Wohn- und Schlafzimmer, weil sie sich als Hausfrau mehr darin aufhielt. Er bekam – wenn der Platz reichte – ein «Herren-Zimmer», das er sich nach seinem Geschmack einrichten durfte. Höflich ist das natürlich nicht. Eine für alle gültige Benimmregel kenne ich aber auch nicht. Als ich mit meinem Exmann zum ersten Mal in eine gemeinsam gemietete Wohnung zog, haben wir die Zimmer aufgeteilt: eines für seine Möbel, eines für meine, und das Schlafzimmer wurde gemeinsam ausgesucht.

Was halten Sie davon?

> **Kommentar vom Freiherrn von Knigge**: «Willst Du aber im Umgange mit Dir Trost, Glück und Ruhe finden, so mußt Du ebenso vorsichtig, redlich, fein und gerecht mit Dir selber umgehn als mit andern.»

Gönn mir meinen Seitensprung!

Natürlich wollen wir alle Treue. Sie gilt schließlich als einer der Grundpfeiler der Liebe, aber …

So langsam spricht sich herum, was jeder geahnt, aber die wenigsten zugegeben haben: Leidenschaft und Ehe sind Partner, die sich nur ein paar Jahre lang vertragen. Je besser man sich kennen lernt, umso sicherer verabschiedet sich die Leidenschaft beim Sex. Sie braucht Fremdheit, Abenteuer, Neugier und Überraschungen. Liebe will das Gegenteil. Sie beruht auf Vertrautheit, Freundschaft, Sicherheit. Deshalb gilt, so Leid es mir tut:

Leidenschaftlicher Sex und Liebe sind auf Dauer unvereinbar. So schön sanfter Sex zwischen langjährigen Partnern sein kann – das herrliche Herzklopfen wie im ersten Jahr einer Beziehung liefert er nicht.

Kein Grund zur Scheidung, sondern zum ehrlichen Nachdenken, was man am Partner hat und selbst von ihm will. Fehlt in der Beziehung wirklich nur die Leidenschaft, sollte man ihm einen Seitensprung nicht übel nehmen, auch wenn er das eigene Herz erst mal kränkt. Und man sollte sich einen eigenen gönnen, wenn sich die Gelegenheit ergibt.

Ich halte dies nicht für eine Unhöflichkeit, sondern für unvermeidbar, und ich glaube außerdem: Man sollte als höflicher Mensch nicht darüber reden, solange der Seitensprung zu verbergen ist. Schweigen erspart Verletzungen.

Männer lebten immer schon nach der Devise: Was meine Frau nicht weiß, ist sozusagen nicht geschehen. Die Gesellschaft verzieh ihnen lange ihre Abenteuer abseits der Ehe. Das macht sie heute nicht mehr, zumindest wenn der Seitensprung zur Scheidung führt. Aber, liebe Schwestern im Leid, bitte gehen Sie in sich: Haben Sie wirklich nie …? Sind Sie immer treu geblieben?

Wir Frauen sind, wenn wir es wollen, die besseren Schauspielerinnen. Oder die Männer die schlechteren Menschenkenner. Auf jeden Fall zeigen Statistiken: Frauen gehen zwar nicht so oft fremd wie Männer, aber sie tun's. Zunehmend häufiger. Nicht in den ersten Jahren der Ehe, aber später. Und sie legen genauso wenig Wert auf offene Aussprachen wie ihre Partner.

Höfliche Menschen sind ehrlich – sich selbst gegenüber. Und sie verlangen vom Partner nichts Unmögliches. Deshalb bin ich fest davon überzeugt: Ein Seitensprung muss eine Ehe nicht zerstören. Wenn beide so höflich miteinander umgehen, wie sich das unter Liebenden gehört.

Kommentar vom Freiherrn von Knigge: «Eine der wichtigsten Tugenden im gesellschaftlichen Leben, die wirklich täglich seltener wird, ist die Verschwiegenheit. Man ist heutzutage so äußerst trügerisch in Versprechungen, ja in Beteuerungen und Schwüren, daß man ohne Scheu ein unter dem Siegel des Stillschweigens uns anvertrautes Geheimnis gewissenloserweise ausbreitet. Andre Menschen, die weniger pflichtvergessen, aber höchst leichtsinnig sind, können ihrer Redseligkeit keinen Zaum anlegen. … Solche Menschen gehen dann auch nicht weniger unklug mit ihren eigenen Heimlichkeiten, Plänen und Begebenheiten um, zerstören dadurch sehr oft ihre zeitliche Glückseligkeit und vernichten ihre Absichten.»

Umziehen für seine Karriere?

Der Partner bekommt ein unwiderstehliches Karriereangebot – für eine andere Stadt, ein anderes Land. Wie verhält er sich? Natürlich bittet er höflicherweise um Bedenkzeit – und redet mit dem Ehepartner, aber: Wie hat der zu reagieren? Beim alten Freiherrn von Knigge wäre das selbstverständlich gewesen: Macht der Mann Karriere, zieht die Frau mit ihm um. Da Frauen vor 200 Jahren keine eigene Karriere hatten, war das einfach. Heute gibt es für einen solchen Fall keine Benimmregeln, außer einer:

Zeit lassen für die Entscheidung und möglichst sachlich darüber reden – so lange, bis man sich geeinigt hat. Sei es der Verzicht auf den Job, eine Wochenendehe oder der Umzug beider. Auch wenn sich dann einer in der neuen Stadt einen neuen Job suchen muss. Viele Unternehmen helfen heute dabei! Fragen Sie danach.

Ordnung ist das halbe Leben

Und die halbe Liebe, wenn zwei zusammenwohnen. Natürlich hat jeder seine eigenen Ordnungsvorstellungen. Deshalb klappt das Zusammenleben zwischen einem wirklich ordentlichen und einem Was-kümmert's-mich-Menschen nur in der Zeit der ersten Liebe. Weil der Ordentliche dann – noch! – den «Fehler» des anderen als liebenswerte Marotte aushält. Und umgekehrt. Auf Dauer geht das nicht gut. Und höflich ist nur, wer von den eigenen Vorstellungen zugunsten der fremden Lebensart Abstriche macht.

Ideal wäre es natürlich, man würde sich vom Beginn des Zusammenlebens an auf bestimmte Ordnungsregeln einigen. Er pinkelt nicht im Stehen und lässt seine dreckigen Strümpfe nicht auf dem Boden herumliegen. Und sie verzichtet darauf, ständig jeden Krümel wegzusaugen. (Frauen gehören mehrheitlich zur ordentlicheren Hälfte der Menschheit, weil ihnen von klein auf beigebracht wird, dass sie für den Haushalt zuständig sind.)

Meist wird Unordnung aber erst dann zum Problem, wenn über andere Unterschiede im Verhalten gestritten wird, die Phase des ersten Glücks, das alles in Kauf nimmt, langsam in echte Liebe übergehen sollte. Dann wird Höflichkeit auch bei den Ordnungsvorstellungen fürs Zusammenleben essenziell.

«Kannst du nicht die Zahnpastatube zuschrauben? Die Badewanne hinterher ausspülen? Das Geschirr nach dem Essen mal stehen lassen, statt sofort abzuräumen?» Das alles nützt nichts. Viel besser:

Setzten Sie sich zusammen und reden Sie über die unterschiedlichen Vorstellungen. Liebevoll. Und nüchtern! Schließen Sie eine Art Höflichkeitsvertrag: Ich werde etwas ordentlicher, du etwas toleranter gegenüber meiner Schlampigkeit. Einverstanden?

Kommentar vom Freiherrn von Knigge: «Wichtig ist die Sorgfalt, welche Eheleute anwenden müssen, wenn sie sich so täglich sehen und sehn müssen und also Muße und Gelegenheit genug haben, einer mit des andern Fehlern und Launen bekannt zu werden und, selbst durch die kleinsten derselben, manche Ungemächlichkeit zu leiden; wichtig ist es, Mittel zu erfinden, sich dann nicht gegenseitig lästig, langweilig, nicht kalt, gleichgültig gegeneinander zu werden oder gar Ekel und Abneigung zu empfinden.»

Das liebe Geld

Wie einigt man sich, wofür es ausgegeben wird? Was kann Paare, die aus einem Großzügigen und einem Sparsamen bestehen, am Streiten hindern?

Der Umgang mit Geld kann fürs reibungslose Zusammenleben ein ebenso großer Stolperstein sein wie die unterschiedlichen Vorstellungen von Ordnung. Der Großzügige sieht die Sparsamkeit des Partners als Geiz, der die Freigebigkeit des anderen als Dummheit. Und beide betrachten den unterschiedlichen Umgang mit dem Geld als Angriff auf ihren Charakter.

Geld ist für viele Menschen gleichbedeutend mit Sicherheit. Für eine Minderheit, zu der ich gehöre, bedeutet es nichts, solange man es nicht ausgeben kann. Treffen zwei so unterschiedliche Geldtypen in einer Partnerschaft zusammen, gibt's nur eine Möglichkeit der Streitvermeidung:

Äußerste Höflichkeit der anderen Vorstellung gegenüber, denn sie ist beim Erwachsenen nicht mehr zu ändern – und die ernsthafte Suche nach einem Kompromiss. Wie unter Geschäftspartnern.

Übrigens: Einen Höflichkeitsfaktor minus 100 haben Männer, die ihren als Hausfrau und Mutter arbeitenden Partnerinnen nur ein Haushaltsgeld zuweisen, ihnen aber nicht sagen, wie viel sie wirklich verdienen. Was ist das für eine Liebe, die finanzielle Ehrlichkeit ausschließt? Und was ist das für ein Mann, der immer noch meint: Wer das Geld bringt, darf es auch alleine ausgeben? Obwohl ihm doch jede Stunde zu Hause zeigen müsste, wie viel seine Frau für das gemeinsame Leben tut?

Ich finde, und so habe ich es auch immer gehalten: Den höchsten Höflichkeitsfaktor haben Ehen, in denen es nur ein gemeinsames Konto gibt. Dazu sind, ich weiß es, nur wenige Menschen bereit. Aber die Geheimhaltung des eigenen Verdienstes ist ein Mangel an Vertrauen, der einer Partnerschaft auf Dauer schadet. Oder was meinen Sie?

Wer kauft das Salz ein?

Natürlich beide gemeinsam. Zumindest am Wochenende. Dann bummeln er und sie gerne zusammen über den Wochenmarkt oder durchs Feinkostgeschäft. Wer aber muss daran denken, dass das Klopapier zu Ende geht? Kein Mehl mehr im Haus ist? Waschmittel gekauft werden muss?

Fast immer die Frau. Zumindest muss sie es ihm aufschreiben, damit er beim Einkaufen daran denkt.

Das ist ziemlich unhöflich. Selbst sehr emanzipierte Männer, die während eines längeren Singlelebens Selbständigkeit lernen mussten, schalten in der nächsten Partnerschaft ihre Aufmerksamkeit für Haushaltsnotwendigkeiten wieder auf null. «Schäbbig», pflegte meine Großmutter zu sagen, aber ein Rezept dagegen hatte sie nicht. Ich auch nicht – außer eines für höfliche Frauen:

Finden Sie sich damit ab und machen Sie keinen Aufstand deswegen. Auch die höflichsten Männer haben einen blinden Fleck, sobald es um den Einkauf von Zucker, Mineralwasser oder Herdreiniger geht. Wenn er dafür (auf Ihre freundliche Erinnerung hin) die Fenster putzt, ist der Höflichkeitspegel ausgeglichen.

Chaos in der Küche

Immer mehr Männer kochen gern – zumindest am Wochenende. Höflichkeitsfaktor mindestens 70, denn sie ersparen ihren Partnerinnen Arbeit. Deshalb – so glauben viele Männer – müssen sie die Küche hinterher auch nicht aufräumen. Sie haben ihren Beitrag ja schon geleistet, oder nicht?

Nein! Wer kocht, räumt auf! Jeder Profi macht das, sobald der letzte Gast bedient ist. Jeder Hobbykoch muss es auch – am besten schon während des Kochens. Schließlich entstehen dabei immer wieder Pausen. Spätestens nach dem Essen ist es Pflicht und ergibt noch nicht einmal einen hohen Höflichkeitsfaktor. Es ist eine so selbstverständliche Forderung wie ein «Guten Tag», wenn man nach Hause kommt.

Mein Mann hat mich vergewaltigt

Anzeigen oder nicht? Das entsprechende Gesetz gibt es heute. Nur – benützt wird es kaum. Logisch. Weil mit einer Anzeige eine an sich schon ungute Ehe endgültig zerbricht, und das wollen auch jene Frauen nicht immer, die von ihrem Mann zum Sex gezwungen werden.

In einem solchen Fall kann die Frau nur noch sich selbst gegenüber höflich sein. Sie muss sich ehrlich fragen: Was bin ich bereit auszuhalten? Wofür? Lohnt es sich noch? Weil er mich ernährt zum Beispiel? Oder unseres Kindes wegen? Oder weil ich ihn immer noch und trotzdem liebe?

Ist die Summe der Antworten negativ, würde ich den Vergewaltiger anzeigen. Kein Mann hat das Recht, Sex zu erzwingen. Auch nicht in der Ehe.

Er schlägt mich!

Lassen Sie es sich nicht gefallen. Ziehen Sie aus. Notfalls in ein Frauenhaus, wenn Ihnen sonst keiner hilft. Es mag ja sein, dass einem Mann mal die Hand ausrutscht (einer Frau kann das auch passieren). Darüber könnte eine Frau vielleicht noch hinwegsehen. Wenn er es hinterher wirklich bereut. Prügeln ist unverzeihlich. Wer geschlagen wurde und keinen kennt, der ihm hilft, kann immer die Polizei anrufen. Sie kennt professionelle Helfer und vermittelt den Kontakt.

Das geht dich nichts an!

Darf man in der Ehe Geheimnisse haben? Oder muss ein Partner alles vom anderen wissen? Man darf! Und er muss nicht!

Natürlich träumen viele, besonders Frauen, davon, dass in einer Ehe alle Geheimnisse überflüssig werden, dass sie mit ihrem Mann reden können wie mit einem Beichtvater, der alles verzeiht.

Höflich ist das nicht. Klug auch nicht. Hier ist es wie mit der Untreue, die höfliche Menschen nicht beichten, sondern strikt verschweigen, solange es geht. Warum sollte man den anderen durch die Kenntnis all der Fehler oder die Erzählung der Abenteuer belasten, die man vor der Bekanntschaft mit ihm gemacht hat?

Besonders wenn es um Sex geht, ist Verschwiegenheit besser als Offenheit. Vielleicht fragt er nach früheren Lovern, oder sie will wissen, mit welchen Frauen er zu dem guten Liebhaber wurde, der er heute ist. Schön und gut, aber niemand will eine lange Liste von Namen und Eigenschaften der Vorgänger hören. Wollen Sie? Bei aller Neugier, ich glaube das nicht. Und wenn Sie's nicht hören wollen, sollten Sie auch selbst nur wenig erzählen.

Viel liebenswerter ist ein kleines Kompliment, und sei es ein freundlicher Schwindel: Dir gegenüber zählen alle meine früheren Abenteuer nicht!

Nach der Scheidung

Muss es wirklich sein? Ist es tatsächlich notwendig, dass so viele Ehen in Krieg ausarten, sobald man sich trennen will?

Natürlich berichten die Medien immer nur von jenen Fällen, in denen zwei, die sich einst geliebt haben, vor Gericht kämpfen wie die Berserker, nicht nur ums Geld und das Kind, sondern auch um die Anerkennung als bösartigster Scheidungsgegner des Jahres. Von all jenen Scheidungen wird nicht berichtet, bei denen man sich dankbar dafür küsst, dass alles vorbei ist – und die Zeit nicht vergisst, in der man glücklich miteinander war. Vielleicht geschieht das ja viel häufiger, als ich weiß – obwohl ich außer meiner eigenen Ehe in meinem Bekanntenkreis kaum Menschen kenne, die sich in netter oder zumindest höflicher Form vom Expartner verabschiedet haben. Trotzdem:

Wenn überhaupt irgendwo Höflichkeit nötig ist, dann bei Scheidungen. Sie können trotzdem hart um Ihr Recht kämpfen, aber fair. Ohne Angriffe unter die Gürtellinie.

Das fällt oft schwer, besonders wenn man sich als der Beleidigte fühlt, aber es ist notwendig. Damit man sich später, wenn die Wunden vernarbt sind, wieder an die guten Zeiten erinnern kann. Wer's nicht tut, muss sich sein ganzes restliches Leben mit dem Vorwurf der eigenen Dummheit quälen – wie konnte ich so ein Ekel bloß heiraten? Und er muss eine ganze Reihe von Lebensjahren aus seiner Erinnerung streichen, obwohl die doch schön waren. Sonst hätte man ja gar nicht geheiratet.

Je höflicher ich also meinen Scheidungspartner behandle, umso besser wird mein Leben danach, und das beweist wieder einmal: Höflichkeit ist kein Opfer, sondern eine pragmatische Lebenshilfe.

Übrigens: Ich halte es für eine grobe Unhöflichkeit, wenn nach einer Scheidung die Expartner von ihren Freunden nicht mehr gemeinsam eingeladen werden. Wenn sie inzwischen miteinander umgehen wie kämpfende Katzen, verstehe ich das, aber wenn sie einen hohen Höflichkeitsfaktor besitzen und sich zumindest in Gegenwart der Freunde nicht streiten?

Generell sollte der Einladende beide fragen: Stört es dich, wenn ich deinen Ex einlade? Und sich nach der Antwort richten.

Kommentar vom Freiherrn von Knigge: «Man kommt oft in nicht geringe Verlegenheit, wenn unsre Lage uns zwingt, mit Leuten umzugehn, die einander feind sind, wo man es also gar leicht mit einer Partei verdirbt, sobald man mit der andern gut steht, und es mit beiden verdirbt, wenn man sich ungebeten oder auf unvorsichtige Weise in diese Händel mischt; ich empfehle dabei folgende Vorsichtsmaßregeln:

Soviel man kann, vermeide man die Unannehmlichkeit, mit zwei Parteien zu gleicher Zeit umzugehn, die miteinander in Zwist leben.»

Und als Rat an die Geschiedenen: «Verflechte niemand in Deine Privatzwistigkeiten und fordere nicht von denen, mit denen Du umgehst, dass sie teil an den Uneinigkeiten nehmen sollen, die zwischen Dir und andern herrschen.»

Kind und Familie

Zank nach der Scheidung	Blumen zum Muttertag	Wohl erzogene Kinder
minus 100	Höflichkeitsfaktor normal	plus 100

Hilfe, ich lebe in einer Patchwork-Familie!

Na und? Das tun heute viele. Ein Kind aus seiner ersten Ehe, eines aus ihrer und vielleicht noch ein gemeinsames. Wie geht man miteinander um? Kann eine Frau «meine Tochter» sagen, wenn er das Mädchen mit in die neue Partnerschaft gebracht hat? Und umgekehrt? Juristisch ist klar: Erst wenn die neuen Väter und Mütter das fremde Kind adoptiert haben, ist es «ihr» Kind. Und sonst?

Auch hier hilft Höflichkeit: Reden Sie mit den Kindern, wenn sie alt genug sind, und fragen Sie: Wie soll ich dich vorstellen? Als «unser» Kind vielleicht? Wenn die Kleinen nur abwehrend die Achseln zucken, bleibt bloß Ehrlichkeit: Stellen Sie «seine Tochter» vor und «meinen Sohn». Das klingt zwar noch ungewohnt, kränkt aber die oft durch die Situation verunsicherten Kinder am wenigsten. Und auf sie muss am meisten Rücksicht genommen werden, auch wenn Sie die Situation peinlich finden und vielleicht gern Mutter oder Vater von allen wären.

Mein Kind, ich lasse mich scheiden!

Ist die Scheidung eine Unhöflichkeit gegenüber dem Kind, das doch Vater UND Mutter braucht? Ja, aber Hunderte von Studien haben ergeben: Geschiedene Eltern sind für ein Kind immer noch besser als Vater und Mutter, die sich ständig streiten oder nur das eigene Elend im Kopf haben und sich deshalb nicht mehr richtig um ihr Kind kümmern.

Wer auch seinem eigenen Kind gegenüber höflich bleiben will, informiert es deshalb sachlich, arbeitet später mit dem Ex zusammen und – besonders wichtig – macht ihn nie gegenüber dem Kind schlecht! Nüchtern sagen: «Dein Vater/deine Mutter hat mich sehr gekränkt» – das ist okay. In Gegenwart des Kindes auf den anderen zu schimpfen, ist es nicht!

Ihr Rabauke kommt mir nicht ins Haus!

Wenn Eltern noch lächelnd von «Wildfang» sprechen, sagen andere oft schon voller Grausen «Rabauke» und fürchten sich vor dem Besuch. Weil er oder sie alles anfasst, auch mit den zerbrechlichsten Dingen im fremden Haushalt spielen will, auf keine Ermahnung hört.

Solche Horrorkinder – aus der Sicht Fremder – sind heute tatsächlich weit häufiger als früher. Weil die Erziehung zur eigenen Entscheidung wichtiger genommen wird als die zum Gehorsam. Glücklicherweise. Trotzdem:

Auch die nachgiebigsten Eltern solcher Kinder haben bei Einladungen nur zwei Möglichkeiten, wenn sie höflich sein wollen:

- Das Kind vor den Fernseher setzen, mit Videos ruhig stellen und hart durchgreifen, wenn der Sprössling Dinge anfasst, die den Gastgebern wertvoll sind. Da an Händen und Füßen fesseln heutzutage schlecht ankommt, bleibt oftmals nur:
- Einen Babysitter suchen und das Kind zu Hause lassen.

Ich plädiere natürlich für Letzteres, denn ein Junge oder ein Mädchen, die zu Hause alles dürfen, sind von den Eltern keinen Nachmittag oder Abend lang auf gutes, also rücksichtsvolles Benehmen umzupolen. Deshalb wird die Besuchszeit für alle Beteiligten zum Stresskrieg zwischen Aufpassen, (meist vergeblichem) Mahnen, Entschuldigungen und – Ärger.

Und die Gastgeber? Müssen sie Kindern das Spiel mit der Hi-Fi-Anlage, der Porzellanpuppensammlung oder dem Fotoalbum erlauben? Sie müssen nicht! Deshalb haben auch sie zwei Möglichkeiten:

- Das Kind mit einem Video ruhig stellen, die Wohnung vor seinem Besuch so umräumen, dass alles Kostbare nicht erreicht werden kann, und geduldig leiden. Oder:
- Die Eltern bitten, ohne Kind zu kommen.

Letzteres ist nicht unhöflich! Schließlich wollen sich die Erwachsenen unterhalten und Spaß miteinander haben. Da sind kleine Kinder, besonders lebhafte Miniterroristen, Störfaktoren – und überflüssig.

Ich weiß, wovon ich rede. Mein Sohn war auch äußerst lebhaft, und ich musste sehr schnell lernen, dass ruhige Gespräche und fröhliche Partys in seiner Gegenwart unmöglich wurden, sobald er Laufen gelernt hatte. Also habe ich ihn in der Obhut von Babysittern gelassen. Es scheint ihm nicht geschadet zu haben.

Übrigens: Obwohl ich damals Restaurantkritikerin war, habe ich meinen lebhaften Sohn auch nur mittags mit zum Testen genommen. Da, finde ich, haben auch ältere Erwachsene es hinzunehmen, wenn ein Kind mal zwischen den Tischen herumläuft oder auf dem Fußboden mit seinen Autos spielt (solange er dabei nicht rumbrüllt!).

Abends sieht das, besonders in teuren Restaurants, anders aus: Wenn alle Erwachsenen sich entspannen, die ruhige Atmosphäre genießen wollen, sind Kinder fehl am Platz. In Deutschland. Jenseits der Alpen stört es niemanden, wenn die Kleinen durchs Lokal toben. Das Essen schmeckt trotzdem, aber bis die Deutschen das lernen, müssen noch viele Artikel über die weit verbreitete Kinderfeindlichkeit in unserem Land geschrieben werden.

Deutschland stirbt aus. Na und?

Wäre es höflich, die Gesellschaft mit mehr Kindern zu «versorgen», als wir das im Moment tun? Zwei oder drei pro Mutter statt nur eines? Damit das deutsche Volk nicht zur Bedeutungslosigkeit schrumpft?

Totaler Unsinn. Faschistoid. Kein Staat kann seine Bürger zum Kinderkriegen zwingen. Und sie dazu überreden? Vielleicht, wenn die Obrigkeit uns endlich wie in Frankreich oder Dänemark auch Ganztagskrippen und Ganztagsschulen gäbe, wenn Mütter ihrem Beruf nachgehen dürften, ohne schief angesehen zu werden. Dann wären wir Frauen eher bereit, mehr als ein Kind zu bekommen. Eine Erhöhung des Kindergeldes um ein paar Mark ist keine Höflichkeit der regierenden Männer, sondern eine Frechheit – Frauen sind nicht bestechlich.

Lass dein Kind gehen!

Höfliche Eltern sind gleichzeitig Eltern, die ihre erwachsenen Kinder loslassen! *Let him go,* sagen die Amerikaner besonders den Müttern, und Recht haben sie. Drängen Sie Ihr Kind zum Auszug aus der elterlichen Wohnung, auch wenn Sie es dann schrecklich vermissen werden. Sohn oder Tochter brauchen die Herausforderung der Freiheit! Klammern Sie nicht. Weder durch große Verwöhnung (keine Mutter muss dem 18-Jährigen noch die Klamotten waschen, ihm allabendlich Essen vorsetzen oder sein Zimmer aussaugen!) noch durch Egoismus.

Natürlich genießt jede Mutter die Zeit, die das «Kind» noch zu Hause verbringt. Auch wenn es schon einen Beruf hat oder studiert. Trotzdem: Einen hohen Höflichkeitsfaktor verdient man sich als Erwachsener nur, wenn man Sohn oder Tochter gehen lässt – mit so viel finanzieller Unterstützung, mit so wenig sichtbarem Abschiedsschmerz wie möglich. Und ohne ihnen dauernd hinterherzutelefonieren! Auch wenn's schwer fällt!

Keiner hat das besser gesagt als Bob Dylan in «The Times They Are A-Changing»:

«Come mothers and fathers/Throughout the land,/And don't criticize/What you can't understand./Your sons and your daughters/Are beyond your command./Your old road is/Rapidly agin'./Please get out of the new one/If you can't lend your hand,/For the times they are a-changing.»

Großmütter sind keine Babysitter!

Es könnte ja so einfach sein mit dem Wunschkind und dem Beruf. Die junge Mutter bekommt das Baby, die frisch gebackene Großmutter, die selbst nicht mehr arbeitet, passt darauf auf.

Höflich ist es nicht, die eigene Mutter einzuspannen, damit man selbst trotz Kind Karriere machen kann. Und keiner Großmutter ist es als Unhöflichkeit anzulasten, wenn sie solche Wünsche ablehnt! Schließlich hat sie ja lange genug die Doppelbelastung von Kind und Beruf tragen müssen.

Natürlich helfen anständige Großmütter ihren Kindern, indem sie die Enkel ab und an betreuen. Das macht meist auch Spaß. Enkelliebe ist weit stressfreier als Kinderliebe. Mehr als für Notfälle zur Verfügung stehen muss die ältere Generation nicht. Und erwachsene Kinder dürfen es nicht erwarten.

Das Recht auf einen Kindergeburtstag?

Ihren Geburtstag groß zu feiern, mit vielen Freunden aus dem Kindergarten oder der Schule, betrachten viele Kinder heute als ihr Recht. Und die Mütter als ihre Pflicht. Da muss es nicht nur Geschenke für alle geben, kleine, aber trotzdem, sondern auch ein Unterhaltungsprogramm. Sackhüpfen genügt allenfalls den Jüngsten. Die Großen wollen ihre Freunde mit Ausgefallenerem beeindrucken. Mit Proficlown, Fest bei McDonalds, Filmbesuch oder Feier im Museum.

Das muss alles nicht sein. Schon gar nicht jedes Jahr zwischen Kindergarteneintritt und Schulabschluss. Höfliche Eltern tun sich zusammen und besprechen, wie groß oder klein die Geburtstage ihrer Kinder gefeiert werden sollen (zum Beispiel nach einer Elternversammlung in der Schule). Dann ist kein Kind beleidigt, fühlt sich niemand benachteiligt. Höflicher Maßstab für die Größe der abgesprochenen Kindergeburtstagsfeste ist dabei immer die Finanzkraft derjenigen, die am wenigsten verdienen.

Und wenn die Kinder dann sauer sind? Macht nichts. Eltern können schon Sechsjährigen erklären, warum es für die Freunde nur Getränke und ein paar Süßigkeiten gibt – damit nämlich niemand benachteiligt wird. Wenn die Kinder das nicht verstehen wollen, wird's Zeit, dass die Eltern über ihre Erziehungsmethoden nachdenken: Verständnis für die Situation anderer ist die wichtigste Grundlage für Höflichkeit und Anstand.

Mami! Kauf mir das!

Nette Kinder betteln, selbstbewusste fordern: Kauf mir die Playstation, die Barbie-Puppe, den In-Pullover, die angesagten Turnschuhe. Oder: Ich will das! Alle haben es! Warum ich nicht?

Einfach: Weil Eltern keineswegs verpflichtet sind, ihren Kindern alle Wünsche zu erfüllen. Noch nicht einmal, wenn Geld kein Problem ist.

Auf Dauer höflicher ist es, nein zu sagen. Oder eine Gegenleistung zu fordern. Vier Wochen das Familiengeschirr abwaschen, den Müll raustragen, das eigene Zimmer aufräumen oder Ähnliches. Kinder müssen lernen, Geduld zu haben. Sie müssen sehen, dass die Welt bei Nichterfüllung eines Wunsches nicht untergeht, und dass man nicht alles haben muss, was Freund oder Freundin besitzen.

Leicht gesagt, schwer getan. Kinder sind Nervensägen, weil sie ihr «Ich will aber» viel leichter durchhalten als Eltern das «Ich will aber nicht». Trotzdem: Tun Sie Ihrem Kind etwas Gutes, sagen Sie nein, wenn Sie eine gute Begründung dafür haben. Halten Sie den Stress durch. Sie machen Ihrem Kind zwar momentan das Leben schwerer, aber auf Dauer leichter.

Bei Papi darf ich aber …

Solange Mutter und Vater zusammenwohnen und sich lieben, gleichen sich unterschiedliche Erziehungsstile aus. Kindern schadet es nichts, wenn ein Elternteil nachgiebiger ist als der andere. Sie lernen im Umgang mit beiden, wie man mit unterschiedlichen Charakteren umgehen muss, um das eigene Ziel zu erreichen.

Schwierig wird's nach einer Trennung. Kinder wissen instinktiv, wie sie beide Elternteile manipulieren können, und einer ihrer liebsten Sätze wird dann schnell: «Bei Papi darf ich aber … bis spät in die Nacht fernsehen, das Gemüse auf dem Teller lassen, Cola trinken, im Internet surfen.» Und umgekehrt.

Hier gibt es nur zwei höfliche Möglichkeiten. Zum Schutz der eigenen Nerven und des Kindes wegen, das klare Richtlinien braucht:

- Mit dem Partner reden und sich auf Kompromisse einigen oder
- dem Kind sagen: Was immer du beim anderen darfst, bei mir bist du um neun im Bett, Hausaufgaben werden gleich nach der Schule gemacht, du hilfst mir im Haushalt.

Niemand verliert die Liebe seines Kindes, wenn er den zweiten Weg wählt! Auch wenn erst mal gemault wird. Je konsequenter Sie auch nach einer Scheidung vernünftige Standpunkte durchsetzen, umso höflicher sind Sie gegenüber Ihrem Kind, denn Sie geben ihm innerhalb der von Ihnen gesetzten Grenzen Geborgenheit. Es weiß, woran es ist – auch wenn es weiterhin versuchen wird, Sie mit Hinweisen auf die Großzügigkeit Ihres Ex zu erpressen. Da müssen Sie durch. Auch wenn's wehtut.

Kann die Mutter alles besser?

Auch wenn werdende Väter mit zum Schwangerschaftskurs gehen und bei der Geburt dabei sind – ist das Kind einmal da, kümmern sie sich oft weit weniger darum, als der jungen Mutter lieb wäre. Sagt sie. Dabei ist oft sie selbst daran schuld. Weil sie den Vater nicht lässt.

Es ist ein falscher Mythos, dass Frauen die besseren Betreuer kleiner Kinder sind. Männer können ebenso zärtlich, liebevoll und kompetent sein! Dutzende von psychologischen Studien haben es bewiesen. Männer wollen sich um ihren Nachwuchs kümmern, aber viele Frauen nehmen ihnen die Chance. Weil sie glauben, nur sie hätten einen angeborenen Elterninstinkt. Sie machen alles. Vom Stillen übers Windeln, Baden, nachts Aufstehen, Schmusen, obwohl sie dem Vater nur die Fähigkeit zum Stillen voraus haben. Sie tun es gern. Eine Zeit lang, aber irgendwann beschweren sie sich: Warum machst du so wenig?

Mit Liebe und Herzenshöflichkeit hat das nichts zu tun. Es ist eine Show nach dem Motto: Schau her, wie gut ich sogar als Mutter bin! Egoismus. Eitelkeit. Suche nach Anerkennung. Und überflüssig.

Männer machen während der Schwangerschaft ihrer Frau die gleiche Hormonumstellung von Einzelmensch auf Elternteil mit wie Frauen, wenn auch auf niedrigerem Niveau. Sie bringen dem Kleinen deshalb die gleiche Zärtlichkeit entgegen wie die Mutter. Und sie können es genauso gut pflegen und hegen, man muss sie nur lassen.

Einen hohen Höflichkeitsfaktor als Frau beweist deshalb nur jene Mutter, die dem Vater im Umgang mit dem Baby ebenso viel Glück gönnt, wie sie es dabei genießt, sich nicht vordrängt oder ihn als ungeschickt abqualifiziert.

Dem Baby ist es gleich, wer es in den Arm nimmt!

Müssen Kinder gehorchen?

Ja und nein! Ja, weil Eltern wirklich vieles besser wissen. Schließlich haben sie eine längere Lebenserfahrung. Und nein, weil Kinder durch Widerspruch lernen. Höfliche Eltern geben ihnen die Chance dazu. Sie diskutieren sachlich mit ihnen, suchen den Kompromiss. Das ist eine schwierige Daueraufgabe – vom Kleinen, der nicht brav ins Bett geht, bis zur Teenie-Tochter, die sich tätowieren lassen will. Aber:

Bleiben Sie höflich! Sobald Sie ein Kind haben, ist Ihre Jugend endgültig vorbei. Sie sind jetzt der oder die Erwachsene, der sich zusammennehmen muss.

Ich hasse mein Kind!

Jede Mutter, jeder engagierte Vater möchte seinen Sohn oder seine Tochter von Zeit zu Zeit aus dem Fenster werfen, im Supermarkt vergessen, vier Wochen in einem Gefängnis abgeben. Weil alle Kinder immer mal wieder Nerven zerfetzende Terroristen sind. Falls Ihres eine Ausnahme ist, schreiben Sie mir, wie Sie das fertig gebracht haben.

Der Hass aufs eigene Kind ist in Ordnung. Kurzfristig. Man darf es sogar mal anschreien. Unter zwei Bedingungen:

- Keine persönlichen Beleidigungen! Schon «Du Dummkopf!» ist zu viel. Sätze wie «Ich hasse dich!» oder «Hätte ich dich doch nie auf die Welt gebracht!» sind absolut verboten. Sie bleiben wie Pfeile mit Widerhaken in der Seele stecken und können noch den Erwachsenen krank machen. Denken Sie an Ihre eigenen seelischen Verletzungen!
- Entschuldigen Sie sich für den eigenen Wutausbruch. Sie sind der Erwachsene, von Ihnen kann das Kind verlangen, dass Sie Vorbild sind. Und erklären Sie ihm ruhig, wie es dazu gekommen ist, vielleicht nicht sofort, aber ein paar Stunden später.

Kinder sind von ihren Eltern abhängiger, als wir uns in späteren Jahren erinnern wollen. Ihnen die Sicherheit der unzerstörbaren Mutter- oder Vaterliebe zu entziehen – Psychologen sprechen zu Recht vom unbedingt notwendigen Urvertrauen –, schadet ihnen auf Dauer. Deshalb heißt es im Umgang mit dem eigenen Kind immer:

Bleib ihm gegenüber so höflich wie gegenüber jedem Erwachsenen! Brüll es mal an, wenn du gar nicht mehr anders kannst, aber bitte es dann um Verzeihung! Auch wenn es dich vorher zu diesem Wahnsinn getrieben hat. Schließlich kann das Kind nichts dafür, dass es auf der Welt ist. Du hast es gewollt. Es trägt deine Gene. Also trägst du nicht nur die Verantwortung. Du hast die Pflicht, es besser zu behandeln als dich selbst. Immer!

Die liebe Verwandtschaft

Muss man nett zu der ganzen «Mischpoke» sein? Zu allen Neffen, Tanten, Onkeln, Vettern, Geschwistern? Zu den Schwiegereltern und der angeheirateten Verwandtschaft? Nett nicht, aber höflich.

Die meisten Etikettebücher fordern: Pflege deine Verwandtschaft. Blutsbande sind wichtig. «Man» geht zu Familientreffen, opfert Weihnachten für die alten Eltern, hilft Kusinen und Neffen durch berufliche Empfehlungen und Beziehungen.

Ich bin kein Familienmensch. Nur weil jemand denselben Namen trägt wie ich, muss ich ihn nicht anders, also besser behandeln als andere Bekannte. Schließlich habe ich mir die Verwandtschaft nicht ausgesucht, sondern ohne eigenes Zutun neben das Babybett gestellt bekommen. Was sie von mir fordern können, ist aber Höflichkeit und Hilfe – wie jeder, der mich darum bittet. Der Besuch von Familientreffen gehört für mich nicht dazu, auch nicht das Verteilen von Geschenken zu Hochzeiten, Kindergeburten oder Jubiläen.

Manchmal schäme ich mich, wenn ich zu solchen Gelegenheiten noch nicht einmal eine Karte oder eine E-Mail schreibe. Ich weiß: Das ist eine echte Unhöflichkeit, aber … Nein, kein Aber: Es gibt keine Entschuldigung dafür. Also richten Sie sich in diesem Fall bitte nicht nach mir, sondern seien Sie höflich. Auch wenn's gegenüber fast unbekannten Verwandten schwer fällt. Geht es um die Schwiegereltern, ist Höflichkeit Pflicht. Ihnen verdankt man schließlich den geliebten Partner.

Kommentar vom Freiherrn von Knigge: «Ich höre so oft darüber klagen, daß man unter fremden Leuten mehr Schutz, Beistand und Anhänglichkeit finde als bei seinen nächsten Blutsverwandten; allein ich halte diese Klage größtenteils für ungerecht. Freilich gibt es unter Verwandten ebensowohl unfreundschaftliche Menschen als unter solchen, die uns nichts angehen … Ich denke aber, man fordert auch oft von seinen Herrn Oheimen und Frauen Basen mehr, als man billigerweise verlangen sollte.»

Blumen zum Muttertag

Selbstverständlich! Das ist das Mindeste! Ob Sie auf die Welt kommen wollten oder nicht, ob Sie Ihr Leben lieben oder nicht – Ihre Mutter hat sich (bei allen Fehlern, die sie vielleicht gemacht hat) viel Mühe gegeben, Sie großzuziehen. Da können Sie doch wohl einmal im Jahr Blumen schicken und einen lieben Brief schreiben! Jedes Jahr wieder.

Wirklich höflich ihr gegenüber sind Sie allerdings nur, wenn Sie sich regelmäßig bei ihr melden. Auch mal mit einem Blumenstrauß einfach so! Nicht nur am Muttertag.

Meine Mutter/mein Vater nervt!

Wir Mütter sollten es zugeben: Auch wenn das «Kind» längst erwachsen ist, machen wir uns Sorgen, wollen an seinem Leben teilhaben, wollen von ihm einen Teil der Liebe zurückbekommen, die wir ihm immer noch geben. Trotzdem:

Höfliche Mütter nerven ihre erwachsenen Kinder NICHT mit wöchentlichen Anrufen, Bitten um Besuche, Aufmerksamkeit. Sie lassen sie ihr eigenes Leben leben.

Das ist nicht leicht, aber unter liebenswürdigen Menschen ein Muss! So wie anständige Töchter und Söhne ihren Eltern zuhören, wenn diese mal eine halbe Stunde plaudern wollen, so müssen Mütter und Väter sich zurückhalten, wenn sie spüren, dass sie gerade nicht willkommen sind.

Übrigens: Eine der einfachsten Lösungen für Kontaktprobleme zwischen erwachsenen Kindern und Eltern bietet heute die E-Mail. Schenken Sie Ihrer Mutter oder Ihrem Vater einen Anschluss! Zeigen Sie ihnen geduldig, wie sie damit umgehen müssen. Wer nicht an Alzheimer leidet, kann das lernen. So ist ganz leicht Kontakt zu halten! Ohne großen Zeitaufwand.

Wenn die Eltern alt werden

Kinder sind verpflichtet, sich um die alten Eltern zu kümmern! So liebevoll wie möglich. Weil aber nicht jeder das Talent zur Altenpflege hat, ist zumindest das finanzielle Engagement verlangt. Und die Hilfe bei allen Behördenkontakten!

Anständige Töchter und Söhne geben darüber hinaus Liebe und dem alten Menschen die Sicherheit, dass er nicht «abgeschoben» wurde. Das geht durch Besuche, Anrufe, Briefe, Blumen, die regelmäßige Lieferung der Lieblingsmarmelade, die es im Seniorenheim nicht gibt, gemeinsame Spaziergänge, wenn man in derselben Stadt wohnt.

Das ist keine Frage der Höflichkeit, sondern die Bezahlung einer Dankesschuld. Also Pflicht.

Wer die Macht hat, hat die Fernbedienung

Vater zappt, Mutter will die neueste Reality-Show sehen, der Teenie die Video-Hitparade. Wer die Fernbedienung hat, hat die Macht. Oft genug liegt die beim «Herrn» des Hauses. Höfliche Menschen sprechen sich ab und nehmen die nicht gesehenen Sendungen für die Nachgiebigeren auf Video auf. Nur Unhöfliche zappen, ohne zu fragen!

Die beste Form der Höflichkeit, wenn die Familienfinanzen es erlauben: Jeder bekommt seinen eigenen Fernseher. Schließlich bedeutet Höflichkeit auf dem niedrigsten Level in der Familie wie draußen – kein Streit, wenn er sich durch gegenseitiges Respektieren vermeiden lässt.

Mein Kind klaut

Es ist ja auch so verführerisch. Im Supermarkt schnell zwei Red-Bull-Dosen unter die Jeansjacke stecken, für 20 Cent Kaugummi kaufen und verduften.

Viele Kindern tun's in ihrer Volksschulzeit, manche versuchen es als Teenager wieder – dann mit CDs, Computerspielen oder Trend-T-Shirts.

Was tun, wenn Ihnen auffällt, dass plötzlich mehr Energy-Drink-Dosen zu Hause herumliegen, als der (oder die) Kleine sich leisten kann? Dass er mehr Süßigkeiten hat als vorher oder Spiele, die außerhalb seines Budgets liegen? Fragen Sie so lange, bis Sie die tränenreiche Wahrheit hören. Machen Sie Ihrem Kind klar:

Diebstahl wird bei Ihnen nicht geduldet. Aus Prinzip. Dann gehen Sie mit Ihrem Kind ins Geschäft und zwingen es, sich zu entschuldigen. Bezahlen Sie das Geklaute – und verabreden Sie mit dem Geschäftsführer, dass Ihr Kind Wiedergutmachung leistet. Durch eine Stunde Flaschen zählen oder Regalnachschub einräumen. Bei meinem Sohn hat das funktioniert.

Mindestens ebenso wichtig: Geben Sie Ihrem Kind ein gutes Beispiel. Loben Sie sich in seiner Gegenwart nicht dafür, dass Sie bei der Spesenabrechnung getrickst oder das Finanzamt übers Ohr gehauen haben. Wenn Sie sich beim Arbeitgeber mit Scheren, Kugelschreibern und Papier für Ihren privaten Schreibtisch versorgen, sind Sie kein Vorbild für Ihr Kind. Höflichkeitsfaktor minus 50.

Wer ist die Fremde in meinem Badezimmer?

Sie wachen eines Morgens auf, gehen ins Badezimmer, und siehe da – ein fremdes Mädchen steht vor dem Spiegel. Schock und die langsam dämmernde Erkenntnis: Mein Sohn hat eine Freundin. Und mit ihr in meiner Wohnung geschlafen.

Natürlich ist es grob unhöflich, sie rauszuschmeißen. Sie ist schließlich von einem Familienmitglied eingeladen worden. Besser: Rechtzeitig darüber nachdenken, lange bevor der Fall eintreten könnte: Wie würde ich als Mutter/Vater reagieren?

Falls Ihnen die Vorstellung vom Sex Ihres Kindes in Ihrer Wohnung ein Horror sein sollte – reden Sie mit Sohn oder Tochter darüber. Während der Pubertät. Nicht ernsthaft, sondern sozusagen im Vorbeigehen, weil Teenies oft nicht mit ihren Eltern über Sex sprechen wollen. Sagen Sie einfach: Du, wenn du dich mal verliebst – bring Freund oder Freundin nicht hierher.

Das ist zwar nicht sehr liebenswürdig, aber ehrlich. Höfliche Eltern begrüßen die Sexpartner ihrer Kinder als Gäste. Gelassen. Weil ihnen das Vertrauen ihres Kindes wichtiger ist als der Schmerz, den die plötzliche Erkenntnis des eigenen Alters ihnen zufügt.

Sechzig Jahre und kein bisschen weise?

Nach dem Alter fragen	Alter verschweigen	Vor dem Tod vererben
minus 100	Höflichkeitsfaktor normal	plus 100

Ich bin ja noch sooo jung!

Natürlich wollen wir alle jung sein. Je älter wir werden, umso mehr. Da mag noch so oft von der «Würde» des Alters geredet, noch so anrührende Fotos oder Filme über die «Schönheit» alter Gesichter gezeigt werden. Alt werden wollen wir trotzdem nicht. Niemand.

Es tut mir Leid, aber gerade weil das so ist, verabschieden sich höfliche Ältere rechtzeitig vom Jugendwahn. Nichts gegen Lifting, Fett absaugen und 50-plus-Menschen, die sich in Fitnessclubs ihre Jugendlichkeit zu erhalten versuchen. Bewundernswert.

Schlechtes Benehmen zeigt, wer sich jenseits der 40 anzieht wie die 20-jährige Tochter oder der Teeniesohn und noch immer davon spricht, er habe sich seine Kindlichkeit bewahrt. Das ist zwar im Moment sehr angesagt, aber ein Etikettefehler erster Ordnung. Auch in einer Gesellschaft, die angeblich keine Etiketteregeln mehr kennt.

Der Grund: Aus allen, die nicht zu ihrem höheren Alter stehen wollen, spricht der blanke Neid auf die Jüngeren. Und die Angst, nicht mehr mithalten zu können. Im Kampf um Sexpartner, um die Karriere, um Geld und Macht. Diese Angst ist berechtigt, aber zur Weisheit des Älterwerdens, zum guten Benehmen jenseits der 50 gehört auch der Abschied von jugendlichen Träumen.

Die Zahl der bewundernden Blicke sinkt. Im Beruf muss langsam über das Ende nachgedacht werden – und darüber, was man nach der Pensionierung mit den verbleibenden 25 bis 30 Jahren anfangen will.

So ist das Leben. Hart, aber ungerecht. Besonders in einer Gesellschaft, in der Jugend mehr zählt als Erfahrung. Finden Sie sich damit ab, wenn Sie älter werden. Nur Dumme kämpfen gegen Drachen, die sie nicht besiegen können. Kluge bleiben geistig fit – und werden bescheiden, was ihren Aufmerksamkeitswert für Jüngere angeht. Das ist gutes Benehmen heute.

Übrigens: Höfliche Menschen treten von ihren Posten zurück, wenn sie das Rentenalter erreichen. Oder früher. Weil sie den Jüngeren eine Chance geben wollen. Selbst wenn sie überzeugt sind, oft zu Recht, dass diese längst nicht so viel wissen und können wie sie selbst.

Natürlich hat der Ältere die größere Erfahrung, vielleicht hat er auch noch gute Ideen. Was ihm auf jeden Fall, gerade wegen seiner langen Erfahrung, fehlt, ist die Unbekümmertheit der Jugend, ihr Wagemut und ihre Fähigkeit, alles Alte infrage zu stellen. Das aber braucht jedes Unternehmen, jeder Staat und jede Verwaltung, in der ein Mensch lange an der Macht war. Auch wenn der Machthaber Angst vor den Fehlern hat, die die Jungen machen werden, muss er sie ranlassen. Sie haben ein Höflichkeitsrecht darauf – wie der heute Alte es in seiner Jugend für sich in Anspruch nahm.

Kommentar vom Freiherrn von Knigge: «Übrigens gestehe ich – es bleibt aber unter uns –, daß der Ton, welcher jetzt unter unsern ganz jungen Leuten ziemlich allgemein an Höfen und in der feinen Welt eingeschlichen ist, mir gar nicht so gefallen will wie der, welcher vor etwa zwanzig Jahren herrschte. Viele von ihnen kommen mir äußerst ungeschliffen und plump vor.»

Die Langsamkeit der Rentner

Sie haben ja so viel Zeit. Da steht der alte Mann vorm Käsestand. Mittags, wenn Dutzende von Berufstätigen schnell etwas fürs Abendessen holen wollen. Aber er wählt mit Bedacht. Lässt sich ein Probierstückchen geben, kaut genießerisch, bittet um ein zweites. Kauft 50 Gramm französischen Ziegenkäse und eine halbe Kugel Büffelmozzarella, diskutiert mit dem Verkäufer über Rohmilch contra pasteurisierte Milch für die Käsezubereitung – und übersieht gekonnt die lange Schlange, die hinter ihm immer ungeduldiger zuckt.

Eine Unhöflichkeit höchster Kategorie, die von Rentnern oft begangen und – so der Eindruck, den sie vermitteln – als Abwechslung genossen wird. Weil sie damit allen Jüngeren zeigen, dass sie noch wichtig sind.

Anständige Menschen benehmen sich anders. Sie kaufen ihre Kleinigkeiten nicht gerade dann ein, wenn der Laden voll ist. Oder sie beeilen sich damit und verschieben zumindest Qualitäts- und Geschmacksdiskussionen auf Zeiten, in denen hinter ihnen niemand wartet.

Muss ich mein Alter sagen?

Nein! Wer die 50 überschreitet, weiß: Egal wie gut, wie jung und fit er noch aussehen mag – nennt er ehrlich seinen Jahrgang, öffnet sich im Kopf des Gegenübers eine Schublade, und schon wird der Sprecher unter dem Etikett «alt» abgeheftet. Und «alt» bedeutet: nicht mehr im Trend, konservativ statt innovativ, nicht mehr fit für Abenteuer, weder körperliche noch geistige.

Ärgern Sie sich nicht, wenn Sie zu den Betroffenen gehören. Mit 20 haben Sie sich noch nicht mal vorstellen können, dass Sie je 50 werden würden, und noch mit 30 hielten Sie jeden 50-Jährigen für alt. Jetzt zahlt Ihnen das Leben diese Jugendarroganz heim.

Tragen Sie es mit Fassung. Seien Sie so höflich, es die Jungen nicht merken zu lassen. Verschweigen Sie Ihr Alter mit einem netten Spruch. Ich sage: «Bei Sonne bin ich um die 40, bei Regen fühle ich mich wie 80.» Dann weiß zwar jeder, dass ich keine 50 mehr bin, aber solange er das konkrete Alter nicht erfährt, beurteilt er mich nach Gespräch und Aussehen und nicht nach seinem Anti-Alters-Programm im Kopf.

Übrigens: Frauen, die beim 48. Geburtstag stehen bleiben, machen sich lächerlich. Männer auch, aber sie schwindeln beim Alter seltener, weil sie länger für voll genommen werden. Sie können ihre Potenz ja immer noch durch eine junge Frau an ihrer Seite beweisen. Klappt das nicht (ohne Reichtum und Macht wollen die jungen Frauen keinen Daddy), können sie so tun als ob. Kein Gleichaltriger wird darüber spotten. Ihm geht's ja genauso.

Mein Tipp: Fragen Sie niemanden nach dem Alter, allenfalls Kinder und Teenies unter 18. Die rechnen sich jedes Jahr, das sie älter werden, noch als Verdienst an. Später ist das Geburtsdatum ebenso Privatsache wie die Höhe des Girokontos.

Das finden Sie blöd? Bedenken Sie: Heute verrät die Altersangabe viel weniger über einen Menschen als früher. Da wir alle länger jung wirken und viel älter werden als vor 100 Jahren, liefert das Wissen, ob jemand 28 oder 38 Jahre alt ist, kaum noch Erkenntnisse über sein Verhalten oder Wissen.

Einst wusste man, dass ein Mann von 30 mit mindestens 80-prozentiger Sicherheit verheiratet war, wahrscheinlich längst ein Kind hatte (mindestens) und eine ganze Menge Berufserfahrung. Frauen mit 35 waren eher Hausfrauen als Professorinnen, und ihre Altersangabe verriet, dass sie langsam auf die Wechseljahre zusteuerten. Heute sagt der Geburtsjahrgang kaum noch etwas aus. Wir müssen Fremde allein nach ihrem Aussehen und ihrem Verhalten beurteilen – und deshalb fragen wir erst gar nicht nach dem Alter.

Brauche ich eine Sterbeversicherung?

Sterben ist teuer für die Hinterbliebenen. Wer Wert auf ein gut gepflegtes Grab legt, mit Grabstein und Blumenschmuck, wer sich also nicht mit Verbrennung im Billigsarg und preiswerter Bestattung auf einem anonymen Friedhof begnügen will, der sollte aus Rücksicht für die Angehörigen rechtzeitig für diesen Nachruhm sparen. Außer er hat so viel zu vererben, dass seine teure Beerdigung aus diesem Erbe leicht finanziert werden kann.

Der Streit ums Erbe

Geht es um Geld, ist die Sache einfach. Dafür gibt's Gesetze. Geht es um Sachwerte, ist die Abfassung eines Testaments – nur handschriftlich mit

Datum und Unterschrift gültig oder vom Notar beglaubigt – Höflichkeitspflicht.

Wer von den Kindern und Verwandten soll Uropas Schiffsbilder bekommen? Vaters teure Uhr? Meine Modellautosammlung und Mutters Schmuck? Ohne Testament muss ein teurer Fachmann alle Werte schätzen, in Geld umrechnen und danach die gesetzlich festgelegten Pflichtteile auszahlen. Das gibt oft genug Streit. Weil bei der Erbverteilung alte Kindheitsverletzungen aufbrechen («Mich hat Mutter am meisten geliebt! Deshalb steht mir ihr Sparbuch zu!») oder die nackte Gier hervorkommt.

Ein Testament kann den Familienfrieden erhalten. Dafür muss es aber einigermaßen gerecht sein. Es eignet sich zwar gut zur Abrechnung alter Ärgernisse, aber Höfliche verzichten bei seiner Abfassung darauf. Sie wollen doch in guter Erinnerung bleiben, oder?

Mit der alten Mutti in den Urlaub!

Einst, als das Kind klein war, fuhr es natürlich mit Mutter und Vater in den Urlaub. Haben diese das Recht, im Alter Ähnliches zu fordern, wenn sie allein sind?

Höflich ist das nicht. Die Urlaubswünsche von Jung und Alt liegen meist weit auseinander. Hier die Suche nach Abenteuer, dort nach erholsamer Anregung. Für eine Woche mag das zusammenpassen, aber kein älterer Mensch sollte von seinem Kind fordern, ihn auf den Jahresurlaub mitzunehmen.

Und wenn das «Kind» es von sich aus anbietet? Dann darf Mutter oder Vater dankend annehmen. Ohne schlechtes Gewissen. Als höflicher Mensch wird der Ältere dem Jüngeren im Urlaub aber alle Freiheit für eigene Vergnügungen lassen. Und nicht nörgeln, wenn er mal allein zu Abend essen muss.

Das wird einfacher, wenn man sich an die eigene Jugend zurückerinnert:

Kommentar vom Freiherrn von Knigge: «Wenn wir zurückschauen auf jene seligen Tage, wo ein einziger Liebesblick des holden Mädchens, das jetzt eine alte runzlige Matrone ist, uns bis in den dritten Himmel entzückte; wo bei Musik und Tanz jede Nerve in uns widerhallte; wo Scherz und Witz jeden trüben Gedanken verjagten; wo süße Träume, Ahnungen, Hoffnungen unsre Existenz froh machten – o, so lasset uns doch diese glückliche Periode bei unsern Kindern zu verlängern trachten und so viel möglich teilnehmen an ihren Wonnegefühlen.»

Alter verdient Rücksicht? Nein!

Rund 16 Millionen Deutsche sind heute älter als 60 Jahre. Haben sie mehr Rechte als die Jüngeren? Müssen diese auf sie Rücksicht nehmen?

Meine Antwort: Nein. Außer sie sind behindert. Einer alten Frau mit Stock biete ich in der U-Bahn selbstverständlich meinen Sitzplatz an. Genauso wie einer Schwangeren oder einem Jungen auf Krücken. Solange jemand aber nicht gebrechlicher wirkt, als ich mich selbst fühle, bleibe ich stur sitzen.

Früher wurde «das Alter» geehrt, weil Alte selten waren und weil die Jugend anerkannte: Sie wissen mehr als wir. Heute kann das niemand mehr fordern. Ältere Menschen wissen nicht mehr als Junge.

Sie wissen dank ihrer längeren Lebenserfahrung höchstens andere Sachen. Sie sind mit 70 meist noch so rüstig, dass sie Kreuzfahrten machen können und sich in Warteschlangen vordrängeln – wie die Jungen. Nur weil sie graue Haare haben, nehme ich auf sie nicht mehr Rücksicht als auf jeden anderen Menschen. Ohne mich ums Alter zu kümmern.

Ich gebe meinen Führerschein ab

Korrekt! Statistiken belegen zwar, dass die meisten Unfälle von Jungen verursacht werden, keineswegs von alten Menschen. Was aber niemand misst, ist ihre Unsicherheit im Straßenverkehr. Dies ist keine Anklage, einfach eine täglich gemachte Beobachtung: Je älter ein Autofahrer, umso zögerlicher fährt er, umso länger braucht er zum Einparken, umso weiter nimmt er die Kurve zu einer Einfahrt. Verständlich. Die Sehstärke lässt nach (trotz Brille), die Gelenke verknöchern, die Reaktionsgeschwindigkeit sinkt.

Wer in höherem Alter freiwillig seinen Führerschein zurückgibt, ist deshalb ein besonders höflicher Mensch! Er denkt nicht nur an seine eigene Bequemlichkeit. Er nimmt Rücksicht auf die Nerven anderer Autofahrer. Bewundernswert. Ich hoffe, dass auch ich rechtzeitig erkenne, wann ich zum Verkehrshindernis werde. Und dann entsprechend handle.

Hilf doch mal mit!

Senioren wird es regelmäßig ans Herz gelegt. Da sie so viel Zeit haben, sagt man, sollten sie sich ehrenamtlich engagieren. Der vielen Hilfsbedürftigen wegen, aber auch um ihrem Nachberufsleben einen Sinn zu geben.

Ich finde solche Aufrufe den Senioren gegenüber unhöflich. Als ob die Alten von heute nicht selbst wüssten, wie sie ihre Tage füllen sollen. Das freiwillige (und deshalb meist unbezahlte) Engagement ist ein bewundernswerter Beweis für einen hohen Höflichkeitsfaktor. Das trifft auf die 70-jährige Exmanagerin, die Start-up-Unternehmer berät, genauso zu wie auf den Studenten, der zweimal in der Woche die Football-Mannschaft seiner Uni trainiert.

Vererben oder selbst genießen?

Einst versoffen böse Kinder «Oma ihr klein Häuschen». Heute genießen viele ältere Leute ihr Erspartes selbst, statt es für Kinder und Enkel zu erhalten. Vererben? Wozu, sagen sie sich. Mein Kind hat selbst einen Beruf.

Aus der Sicht des Nachwuchses ist das unhöflich. Etwas zu erben ist ja fast so schön, wie im Lotto zu gewinnen. Man kommt ganz ohne eigene Anstrengung zu Geld oder Wohneigentum. Wer stattdessen zusehen muss, wie die Eltern gemeinsam oder getrennt ihre Bankkonten fürs eigene Vergnügen leeren, fühlt sich oft um eine große Hoffnung auf Unterstützung betrogen.

Soll er. Heute ist jeder erst einmal für sich selbst verantwortlich. Nicht nur die jüngere, sondern auch die ältere Generation. Und wenn sie nach der Pensionierung gut leben will, haben Kinder kein Recht auf Einspruch.

Übrigens: Höfliche oder besser gesagt liebenswerte Eltern, die genug haben, um bis zum 100. Geburtstag gut leben zu können, schenken dem längst erwachsenen Kind lange vor diesem Jubiläum einen Teil ihres Besitzes. Nicht um Steuern zu sparen (das ist ein hübscher Nebeneffekt), sondern um der jüngeren Generation eine Freude zu machen. Sonst ist die nämlich zu alt, um etwas davon zu haben, Außerdem ist es viel angenehmer, den Dank noch als Lebender zu genießen, statt darauf zu vertrauen, dass er sich in einem teuren Grabstein ausdrücken wird.

Das Recht auf den freiwilligen Tod

Seit die Niederlande das Recht schwer kranker Menschen auf die freiwillige Beendigung ihres Lebens gesetzlich anerkannt haben, tobt die Diskussion. Ist es mit der «Würde des Menschen» vereinbar, dass er selbst über den Zeitpunkt seines Todes entscheidet? Könnte die Erlaubnis dafür nicht von Verwandten und der Gesellschaft dazu genützt werden, um unbequeme Alte zum Freitod zu überreden?

Sie kann. Selbstverständlich. Trotzdem halte ich jede Gesellschaft, jeden Staat für unhöflich, der mir das Recht auf den freiwilligen Tod nimmt. Klar, Psychologen und Mediziner behaupten: Der Wunsch nach dem «Selbstmord» ist nur ein Zeichen für eine Depression, also krankhaft – und Depressionen sind heute mit regelmäßig geschluckten Pillen zumindest zu lindern. Deshalb muss jeder, der freiwillige sterben will, notfalls mit Gewalt davon abgehalten werden. Ich finde:

Da ich nicht gefragt wurde, ob ich überhaupt leben wollte, muss ich wenigstens über die Länge meines Lebens selbst entscheiden können. Die Höflichkeitspflicht der Mediziner (und des Gesetzgebers!) ist es, mir einen sanften Tod zu ermöglichen.

Gutes Aussehen ist Höflichkeitspflicht

Hässlichkeit	Trendy anziehen	Schönheit
minus 100	Höflichkeitsfaktor normal	plus 100

Sie sind hässlich? Das ist unhöflich!

Tun Sie was für Ihr Aussehen! Sofort! Auch wenn's politisch höchst unkorrekt klingt, weil Mitleid «in» ist. Hässlichkeit ist out. Wer gut ankommen will bei seinen Mitmenschen, muss gut aussehen. Und beschweren Sie sich nicht über Ihre Benachteiligung. Das bringt gar nichts. Machen Sie was dagegen.

Ist Ihnen schon aufgefallen, wie wenig wirklich hässliche Menschen es heute noch gibt? Hasenscharten werden schon bei Babys operiert. Buckel und abstehende Ohren auch. Gegen den früher so häufigen Kropf nützt Jodsalz und gegen ein hässliches Gesicht der nächste Schönheitschirurg. Wenn Ihnen der zu teuer ist, fragen Sie sich mal, ob ein neues Auto wirklich wichtiger ist. Oder der nächste Urlaub. Oder ein neuer Computer.

Gutes Aussehen hat heute einen hohen Höflichkeitsfaktor. Spontan ist es sogar DER wichtigste. Darüber kann man sich beklagen, auf die Medien schimpfen, der guten alten Zeit nachtrauern, in der der Anblick von reichlich Krüppeln und Kranken die Hinnahme des bösen Schicksals angeblich leichter machte. Es nützt nichts:

Schönheit oder zumindest ein angenehm anzuschauendes Äußeres ist im 21. Jahrhundert Höflichkeitspflicht. Und warum auch nicht? Der Job hängt davon ab, weil Personalchefs auch bei überragender Intelligenz lieber gut aussehende Mitarbeiter einstellen als hässliche. Sex gibt's für Hässliche nur gegen Geld. Die Liebe wird für sie zum Glücksspiel mit schlechten Chancen. Außer auf einen noch hässlicheren Partner.

Eine der wichtigsten Benimmregeln heißt deshalb heute: Mach dich schön! Wasch dir regelmäßig die Haare (ist Ihnen schon mal aufgefallen, wie viele Menschen nur deshalb hässlich wirken, weil sie mit dreckigen Haaren rumlaufen?). Leiste dir einen guten Haarschnitt. Verbirg deine Hautfehler unter Make-up oder geh zum Hautarzt. Zieh dir etwas an, was anderen gefällt – auch wenn du deine Hässlichkeit bisher hinter der Haltung des Anti-Konventions-Rebellen versteckt hast.

Das Allerwichtigste: Schau in den Spiegel. Diagnostiziere deine Hässlichkeit wie die einer Katze oder eines Hundes – und ändere dein Aussehen. Schön musst du nicht werden, aber den Augen Fremder angenehm!

Früher war Hässlichkeit ein Schicksalsschlag. Nichts dagegen zu machen. Heute gibt es gute, preiswerte Mode für Dicke wie für Knochige. Es gibt Ärzte für oder gegen alle körperlichen Fehler. Es gibt die riesige Schönheitsindustrie, die keineswegs nur für Superreiche da ist. Die Beseitigung von Schönheitsfehlern, die psychisch krank machen können, bezahlt sogar die Krankenkasse. Also: Tun Sie was.

Das gilt für alle, die einfach nur «nicht schön» sind. Was ist mit einem Unfallopfer, dessen Gesicht verbrannt ist? Jemandem, der unter einer hässlichen Hautkrankheit leidet? Sie müssen auf eine andere Art «schön» werden, indem sie alles Äußere so weit verbessern, wie's möglich ist, und dann – liebenswert sind. Durch Charme, Freundlichkeit, Offenheit gegenüber anderen, deren Schicksalsschläge nicht auf den ersten Blick sichtbar sind. Das ist mühsam, aber machbar – und auf Dauer vergnüglicher als Einsamkeit.

Und noch etwas: Wenn Sie selbst schön sind (von Natur aus oder weil Sie alles Mögliche dafür getan haben), seien Sie höflich und schauen nicht auf andere, weniger Schöne herunter. Dazu:

Kommentar vom Freiherrn von Knigge: «Ob aber jemand langsam oder schnell geht, viel oder wenig schläft, oft oder selten zu Hause ist, prächtig oder lumpig gekleidet ist, Wein oder Bier trinkt, Schulden oder Kapitalien macht, eine Geliebte hat oder nicht – was geht das Dich an, wenn Du nicht sein Vormund bist?»

Zeigt her eure Schuhe

Schuhfetischisten tun es automatisch, Schuhmissachter fast nie – den Blick am Gegenüber nach unten gleiten lassen und die Schuhe scharf ins Auge fassen: neu/alt? geputzt/angegammelt? modisch/zeitlos?

Schuhe sind verräterisch, auch wenn es viele (mich eingeschlossen) nicht wahrhaben wollen. Sie zeigen die echte Einstellung zum Leben. Bist du verantwortungsbewusst, so sagen die Schuhgucker, hast du auch ordentliche Schuhe an. Bist du ein Schlamper, zeigt sich das an abgelaufenen Absätzen und angestoßenen Spitzen. Denn: Wer auf sich hält, guckt im Kontrollspiegel zu Hause nicht nur, ob Anzug oder Kleid gut, trendy, sauber und anständig aussehen. Er kontrolliert auch seine Schuhe – und pflegt sie. Regelmäßig.

Ein Höflichkeitsfaktor? Nicht unbedingt. Ich gehe davon aus, dass mich andere Menschen auch dann mögen, wenn meine Schuhe nicht aussehen wie frisch gekauft, aber ich weiß:

Die Mehrzahl der Menschen sieht das anders und ist überzeugt: Leute mit hässlichen, ungepflegten, nicht zum Dress passenden Schuhen kann man nicht vertrauen. Also kaufen Sie sich die passende Schuhcreme und putzen Sie sie. Und verwöhnen Sie Ihre Schuhe nach jedem Ausgang mit den entsprechenden Spannern. Und bringen Sie sie nicht erst dann zum Schuster, wenn die Sohle Löcher hat. Sie erhöhen Ihren Höflichkeitsfaktor gegenüber den vielen Schuhfans.

Ich bin sexy, aber mach mich nicht an!

Für wen ziehen Sie sich an? Na, für sich selbst natürlich. So sagt man heute: Ich will mich wohl fühlen. Ich gebe meiner Persönlichkeit Ausdruck. Ich passe mich nicht blöden Konventionen an. Wenn ich Lust darauf habe, gehe ich im Mini plus nabelfreiem Top ins Büro. Oder als Mann mit offenem Hemd und hautengen Hosen.

Trendtalk mit dem Höflichkeitsfaktor minus 10. Außerdem ist es dumm. Besonders wenn's um sexuelles Mobbing geht.

Wer als Frau sexy Kleidung trägt, darf sich nicht wundern, wenn sich

Männer angemacht fühlen. Und dass der sichtbare Inhalt männlicher Jeans, «starke» Haare auf der Brust und ein Waschbrettbauch, Frauen auf lustvolle Gedanken bringt, kann den Träger auch nicht verblüffen.

Natürlich postulieren Feministinnen, Ombudsmänner und andere Sittenwächter: Niemand hat das Recht, freche Kleidung als Aufforderung zum Zulangen zu verstehen. Richtig, aber die Höflichkeit fordert auch von den Trägern Rücksichtnahme auf die Schwächen derjenigen, deren Blick sie auf sich ziehen. Wer provoziert, darf sich nicht wundern, wenn er provokative Antworten bekommt.

Nur Langweiler tragen noch Schlips, oder?

Schlips und korrekter Anzug sterben aus wie das Karrierekostüm? Denkste. Beides behauptet sich hartnäckig, weil es so praktisch ist. Es erspart langes Nachdenken vorm Kleiderschrank, wenn's zur Arbeit geht. Es erspart aber auch Ablenkung von der eigenen Kompetenz während der Arbeit. Und es hat einen hohen Höflichkeitsfaktor, weil Anzug und Kostüm anonymisieren. Sie verbergen die primären Geschlechtsmerkmale und geben stattdessen dem Charakter die Gelegenheit zum Glänzen.

Das heißt nicht, dass ich Uniform-Look für alle Ehrgeizigen fordere. Schon deswegen nicht, weil wir auch in Anzug und Kostüm zwischen Armani und Prada, Boss und Otto-Versand ein weites Feld von Modemöglichkeiten haben. Es heißt aber: Modische Anpassung an die Umgebung ist eine Frage aktueller und damit pragmatischer Höflichkeit.

Wer bei einer Premiere gern alle Blicke auf sich ziehen möchte, kann das leichter im Gammellook als durch ein superteures Abendkleid. Damit verärgert man zwar alle Traditionalisten, aber das könnte den eigenen Spaß wert sein. Wer jedoch im Beruf aus allen modischen Reihen schert, schadet sich selbst. Weil die anderen sauer reagieren. Zum Beispiel, indem sie seinen Ehrgeiz abblocken. Damit kippt Unhöflichkeit um in Dummheit. Lohnt sich das?

Er mag's lässig, sie elegant. Wer siegt?

Sie trägt am liebsten hohe Absätze und superkurze Röcke. Er kommt sich dann neben ihr mickerig vor und hat Angst, dass andere Männer sie ihm abspenstig machen könnten. Er selbst zieht am liebsten Lässiges an. Oder umgekehrt: Er will abends glänzen und stylt sich auch zum Essen beim Eckitaliener. Für den Discobummel wählt er superenge Glitzerjeans, Cowboy-Boots und ein schwarzes Satinhemd – obwohl sie ihn in Cargohose und Jeansweste viel schöner findet. Wer gibt nach?

Ist die Liebe neu, ist auch der Höflichkeitsfaktor hoch: Beide passen sich an. Wurde aus Verliebtheit Normalität, bringen nur Absprachen Kompromisse. Höfliche! Wer schweigend leidet und dann eines Tages explodiert, stößt ebenso auf Unverständnis wie alle, die nur am anderen herummäkeln, den eigenen Geschmack aber für unantastbar halten. Anständig benimmt sich gegenüber dem Partner nur, wer seine modischen Ansprüche offen ausspricht – und dann zum Kompromiss bereit ist. Mögliche Regeln:

Heute bist du dran, nächstes Wochenende ich. Oder: Beide gehen am Freitagabend in ihrer Wohlfühlmode ihre eigenen Wege und unternehmen am Samstag etwas gemeinsam. Etwas ganz anderes. Die Höflichkeit, die gleichzeitig den Haussegen ausbalanciert, erfordert reden statt schweigen. Letzteres hält keine Liebe aus.

Nackt im Stadtpark

Sommer, Sonne, Bräunungswetter. In vielen Städten ist es inzwischen üblich, dann nicht nur halbnackt oder in Badehose/Bikini auf die Liegewiesen zu strömen, sondern sich dort ganz auszuziehen. München ist unter Voyeuren berühmt dafür, Hamburg gilt als No-Show-Stadt, weil an Alster und Elbe weniger Nackte zu sehen sind als weiter südlich.

Generell ist Nacktheit kein Schock mehr. Zwar werden Männer immer noch verhaftet, wenn sie auf einer Vereidigungsfeier der Bundeswehr die Hosen runterlassen, aber Frauen im Park? Kaum noch ein Grund zur Aufregung.

Bei aller Lust an Sonne und Luft auf der Haut: Höflich finde ich es in zwei Fällen nicht:

- Wenn in der Nähe kleine Kinder spielen, vor allem aus Einwandererfamilien. Menschen islamischen Glaubens, aber auch Deutschrussen und Einwanderer aus dem Balkan haben ein völlig anderes Verhältnis zur Nacktheit als die meisten Einheimischen. Sexualforscher und Soziologen behaupten, viele machten sogar beim ehelichen Sex das Licht aus. Ich weiß nicht, ob das stimmt, aber ich finde: Wenigstens ein Bikini oder eine Badehose ist angebracht, wenn man sich in einer Öffentlichkeit entblößt, zu der auch kleine Kinder gehören.
- Wenn der eigene Körper kein erfreulicher Anblick ist. Ich sagte es ja schon: Hässlichkeit ist verboten. Weil es unhöflich ist, andere damit zu schocken. Deshalb ist nacktes Fett allenfalls bei Jungen annehmbar, wenn die Haut noch glatt ist. Jenseits der 40 und mit Übergewicht sollte man sich zu Hause kritisch betrachten und fragen: Würde ich mich im Stadtpark oder Strandbad gern nackt sehen?

Das gilt nicht nur für Frauen, die sich sowieso meist kritisch genug sehen. Viel mehr gilt es für hässliche Männer. Nacktheit ist auch bei ihnen kein Zeichen für Selbstbewusstsein, sondern für abgrundtiefe Unhöflichkeit. Schlimm genug, wenn die «Herren der Schöpfung» Bierbäuche, Affenhaarbrust und Stachelwaden zeigen. Zusätzlich ein Schrumpelpenis und müde hängende Arschbacken gehen zu weit. Das alles mag am Nacktbadestrand auf Sylt okay sein. Jeder, der hingeht, weiß, dass ihn dort mehr Hässlichkeit als Wow-Anblicke erwarten (die knackige Jugend vergnügt sich meist woanders). Im Stadtpark oder im normalen Schwimmbad finde ich die meisten nackten Kerle unmöglich.

Smoking erwünscht

Ja, es gibt auch noch solche Einladungen. Da steht dann klein drunter: Smoking erwünscht. Oder Frack erwünscht. Und nichts über die Kleidung der miteingeladenen Partnerin. Was trägt sie? Und muss man den Wunsch der Gastgeber befolgen?

Antwort auf Frage Nummer eins: Trägt der Herr Smoking, wirft sie sich mindestens ins kleine Schwarze, wird für ihn Frack gefordert, muss es für sie das «große» Abendkleid sein.

Antwort auf Frage Nummer zwei: Man muss. Oder man sagt ab. So lautet eine der wenigen heute noch gültigen Etiketteregeln aus Urgroßmutters Zeit.

Die Gastgeber fordern Smoking oder Frack ja nicht, um ihre Gäste zu ärgern, sondern weil sie ein Fest im alten Stil feiern wollen. Edel, üppig, wohlerzogen. Wer zusagt, braucht sich heute aber weder Frack noch Smoking zu kaufen. Leihdress ist absolut akzeptabel. In jeder größeren Stadt gibt es einen Kleiderverleih, der eine Auswahl in allen normalen Größen anbietet. Allerdings sollte man rechtzeitig hingehen. Vor großen Bällen oder Empfängen wird der Vorrat schon mal knapp.

Sie wollen zum Fest, haben aber keine Lust auf Abendanzug oder Abendkleid? Weder auf leihen noch auf kaufen? Fragen Sie die Gastgeberin! Sagt sie seufzend «Na meinetwegen, weil du es bist», sollte zumindest ein feiner dunkler Anzug und ein eleganter Dress aus edlem Stoff gewählt werden. Andernfalls besteht die Gefahr, dass man den ganzen Abend nur schiefen Blicken begegnet, die einen der Unhöflichkeit beschuldigen. Wollen Sie das?

Wer anderen seine Beine zeigt

Vom 1. Mai bis Ende September, so habe ich's früher gehalten, kam kein Strumpf an meine Beine. Nur konservative Frauen und Anpasserinnen hielten sich meiner Meinung nach an die Altkonvention, dass Berufsfrauen ihre Beine nicht nackt zeigen.

Heute trage auch ich Strümpfe. Weil die Beine einfach nicht mehr so hübsch sind wie in der Jugendblüte meiner Jahre. Ja, ich weiß, es ist zum Lachen, aber auch hier gilt: Mute deinen Nächsten nur den Anblick zu, den du auch selbst gern genießt.

Unter langen Hosen ist das Stück nackte Sommerhaut zwischen Hosenende und Sandale okay. Unter Röcken bis zum Knöchel auch. Wer kurz trägt, muss die Beine auf jeden Fall durch Rasieren, Solarium oder Bräunungscreme auf die Nacktheit vorbereiten, da nordeuropäische Blässe krank wirkt.

Rote Äderchen (Besenreiser) und Krampfadern, dicke Knöchel und wabbelige Waden sind nicht nur hässlich. Sie lenken von der Kompetenz der Berufsfrau ab. Was zu Hause okay ist, wird im Büro zur Zumutung. Ist das eine Diskriminierung des Alters, weil junge Frauen nun mal die schöneren Beine haben? Nein. Es ist ein Appell an die Weisheit, die wir alle erst im Lauf der zunehmenden Zahl an Lebensjahren erwerben, und an die Höflichkeit. «Be nice. Dress correctly!», sagen Mütter in den USA zu ihren Töchtern, und alle berufstätigen Frauen – junge wie ältere – tragen Strümpfe. Selbst bei größter Hitze.

Übrigens gilt auch für Männer: Im Beruf sind nackte Beine unmöglich, Shorts also verboten, Bermudas nur erlaubt, wenn die Waden knackig sind, nackte Füße in Sandalen allenfalls im Urlaub.

Zu Hause lass ich mich gehen

Bitte gern, wenn Sie Single sind. Ziehen Sie sich so gammelig an, wie es Ihnen Spaß macht, aber: Denken Sie an den Paketboten oder den Mann, der die Waschmaschine reparieren soll! Auch sie haben einen erfreulichen Anblick verdient. Und denken Sie an sich selbst: Je mehr man sich zu Hause vergammeln lässt, umso schwerer fällt die Umstellung auf die Präsentation draußen. Deshalb meine Frage:

Fühlen Sie sich wirklich in Fleckenjeans und Uraltjacke am wohlsten? Wie wär's dann wenigstens mit gewaschenen Haaren und je nach Geschlecht mit einer Rasur oder mit Make-up, wenn die Haut nicht mehr jugendlich frisch ist? Beides sorgt dafür, dass man sich beim Spiegelblick nicht vor sich selbst erschrickt. Es hebt den Lustquotienten – und den Höflichkeitsfaktor.

In Familien neigen besonders älter werdende Männer zum Gammellook. Die Familie kennt doch meine inneren Werte, sagen sie sich. Da muss ich doch nicht meine äußere Erscheinung auf Vordermann bringen.

Falsch! Sich vor der Partnerin und den Kindern gehen zu lassen ist erlaubt – manchmal. Noch besser: ausnahmsweise. Immer Obdachlosenstil halte ich für äußerst unhöflich. Außerdem ist es schädlich für die Ehe, denn es erniedrigt den Partner zur Selbstverständlichkeit, auf den keine Rücksicht mehr genommen werden muss. Auch die Familie hat ein Recht auf gutes Aussehen.

Dazu kommt: Wenn Vater sich in Uralthemd und Gammelhose an den Esstisch setzt, kann er von seinem Kind keine Sauberkeit verlangen. Wenn er das ganze Wochenende unrasiert und verschwiemelt herumläuft, wirken seine Forderungen nach einem aufgeräumten Jugendzimmer unglaubwürdig.

Natürlich gilt das auch für die weibliche Hälfte der Menschheit. Frauen, die ihre Partner mit Lockenwicklern auf dem Kopf empfangen, sind schließlich nicht umsonst zur Witzfigur geworden.

Auf zu Opernpremiere oder Promi-Event

Nein. Abendkleid und Smoking müssen dafür wirklich nicht mehr sein. Wer nicht negativ auffallen will, macht sich einfach so schön wie möglich. Höflich ist alles von Brokathosen mit Seidentop bis zum eleganten Anzug. Er muss nicht dunkel, kann auch modisch bunt sein.

Und die Jugend? Macht mit! Teenies und Twens stylen sich stundenlang fürs Starkonzert oder die Loveparade. Wenn sie zu einem «erwachsenen» Event mitgehen wollen (zwingen würde ich sie nie!), müssen sie deshalb die Höflichkeit für «erwachsene» Kleidung mitbringen. Alt-T-Shirt, Jeans und Turnschuhe tun's nicht!

Was fordert der Zeitgeist?

Trendsetter oder Trendfolger? Was wollen Sie sein? Modisch gesehen. Nichts von beidem? Lieber wollen Sie anziehen, was Ihnen gefällt? Sie haben Ihren eigenen Stil, unabhängig vom aktuellen Look? Bleiben Sie bloß dabei! In Sachen Trend gibt es keinen Höflichkeitsfaktor!

Kommentar vom Freiherrn von Knigge: «Kleide Dich nicht unter und nicht über Deinen Stand; nicht über und nicht unter Dein Vermögen; nicht phantastisch; nicht bunt; nicht ohne Not prächtig, glänzend noch kostbar; aber reinlich, geschmackvoll, und wo Du Aufwand machen mußt, da sei Dein Aufwand zugleich solide und schön.»

Ich bin rund, na und?

Fett ist verboten! Sagt der Zeitgeist! Nur Hungerfiguren gelten als schön. Höflich ist das nicht.

Solange die eigenen Fettfalten nicht offen gezeigt werden, sind sie von anderen zu akzeptieren.

Natürlich soll niemand sich anderen so präsentieren, dass denen beim Anblick schlecht wird. Doch für Übergewicht gilt:

Es ist DIE «Seuche» unserer Zeit. So wie früher Pockennarben. Models sind heute um 34 Prozent dünner als Normalmenschen. Schaufensterpuppen haben zehn Zentimeter Hüftumfang weniger, weil so der billigste Dress schicker wirkt. Die Mehrheit wird immer dicker, spätestens ab 50.

Damit müssen wir uns abfinden. Oder nicht nur weniger essen, sondern auch mehr Sport treiben. Für immer. Darüber zu reden ist schlechtes Benehmen: Einen Höflichkeitsfaktor von minus 20 hat, wer beim gemeinsamen Essen über seine Diät jammert – oder über das eigene Fett schimpft und nichts dagegen tut.

Autofahrer und andere Verkehrsteilnehmer

Parkplatzraub	Einfädeln lassen	§ 1 Straßenverkehrsordnung
minus 100	Höflichkeitsfaktor normal	plus 100

Wenn Buddha im Stau stünde

Stau nervt, weil wir vorbeifließende Zeit nicht sich selbst überlassen, sondern ausnutzen, festhalten und für unseren Zweck versklaven wollen. Der Stillstand in den Auspuffwolken beweist: Die Zeit ist stärker.

Buddha würde das nicht stören. Wir reagieren allergisch. Wir werden sauer, weil wir uns völlig unschuldig fühlen. Nur die anderen bilden den Stau. Sie nehmen uns das Recht auf freie Fahrt.

Höflichkeitsregel Nummer eins im Stau heißt deshalb: Motor abstellen, wenn die Schlange einschläft. Der Abgase wegen, weil's Benzin spart und weil plötzlich Stille im Wagen herrscht. Sie macht Platz für die gelassene Überlegung: Was nun?

- Handy an und die Staumeldungen an den weitergeben, zu dem man unterwegs ist. Das halbiert den Staustress und zeigt dem anderen: Ich nehme dich wichtig!
- Recken, strecken, gähnen – lächeln! Nicht nur vor sich hin, sondern zum Fahrer im Nebenauto. Als Zeichen für Solidarität im Staustress statt Konkurrenz um schnelleres Starten, wenn's endlich weitergeht.
- Buddha imitieren: Fenster öffnen, Umgebung anschauen, lauschen. Was wächst in der Autobahnlandschaft? Welche Häuser zeigt die Stadt? Zwitschert ein Spatz? Welche Musik hört der Staunachbar? Scheibe runter und ihm ein Kompliment machen. Das erhöht den Höflichkeitsfaktor auf 100.

Echte Buddhisten nützen den Stau zu Minimeditationen und für den Genuss des Hier und Jetzt, intelligente Egoisten zum Nettsein. Zu den eigenen Nerven. Dann zu anderen Stauopfern. Weil alle gleich benachteiligt sind – und gleich schuld.

Null Chance gegen Parkplatzgangster

Nicht die geringste! Wenn so ein Rowdy sich frech auf den Parkplatz setzt, auf den man selbst geduldig gewartet hat, hilft Höflichen wie Cholerikern nur eines: den Verlust mit Fassung tragen. Glauben Sie wirklich, dass freundliche Hinweise aufs eigene Warten oder pöbeliges Geschrei den anderen zur Parkplatzaufgabe bewegen? In 99,9 Prozent aller Fälle nicht. Entweder geht der Sieger mit frechem Grinsen weg, oder er pöbelt zurück. Viele Betrogene möchten dann zum Revolver greifen, manche haben's auch schon getan. Die Folge? Noch mehr Ärger.

Die Höflichkeitsetikette sagt zwar: Niemand hat sich vorzudrängeln. Schon gar nicht auf einen Parkplatz, wo dieser Seltenheitswert besitzt, aber: Die zehn Prozent Skrupellosen, die es in jeder Gesellschaft gibt, tun's trotzdem.

Viele Gelackmeierte würde es erleichtern, den Kerlen (weibliche Parkplatzgangster gibt's kaum) gegen die Kotflügel oder sonstwohin zu treten. Vergessen Sie's. Nicht mal ein Polizist kann helfen, weil dann Aussage gegen Aussage steht. Schlucken Sie den Zorn, bleiben Sie anständig. Wenigstens eine Entschädigung ist Ihnen sicher: Sie dürfen sich wegen Zurückhaltung im Hass selbst auf die Schulter klopfen.

Ein schwerer Unfall auf einsamer Landstraße

Jeder weiß es, und ich habe es unter dem Stichwort «Ethik» schon einmal gesagt, aber der Wichtigkeit halber muss ich es wiederholen: Wir MÜSSEN anhalten und helfen. Nicht jeder tut's. Weil wir alle Angst vorm Blick auf Blut und Schmerzen haben. Weil wir uns inkompetent fühlen, uns vorm Fehlermachen fürchten. Trotzdem:

Erste Hilfe ist absolute Höflichkeitspflicht! Wer noch nicht mal zum Handy greift, um Profihelfer herbeizurufen, ist ein Straßenschwein! Wer hilft, holt sich beim Schicksal Pluspunkte. Selbst wenn er nur die Unfallstelle sichert und dem Verletzten gut zuredet, bis erfahrene Helfer kommen.

Rasen macht Spaß

Wozu hat unser Auto reichlich PS unter der Haube? Doch nicht zum Langsamfahren! Das machen wir nur beim Cruisen. Männer besonders, die ihre «Potenzbeulen» (die auffälligen Schwellungen rund um die Karosserie) vorführen wollen und den röhrenden Macho-Sound, wenn sie vorm Rotlicht Gas geben.

Abgesehen davon macht Schnellfahren Spaß. Für viele. Geschwindigkeit puscht den Lustquotienten – und gibt uns das Gefühl von Macht. Wer andere überholt, darf sich, wenigstens für Sekunden, als Superman fühlen. Oder als Superwoman.

Wunderbar. Wenn die Strecke frei ist. Jedes Etikettegesetz verbietet aber dichtes Auffahren, wütendes Blinken, Hupen, wenn andere bummeln. Höflichkeitsfaktor minus 10. Ganz abgesehen von der Unfallgefahr. Allerdings:

Ich fahre korrekt! Und wenn es hinter mir zum Stau kommt?

Die Höflichkeit verbietet auch Trödeln auf der Überholspur oder Oberlehrergehabe auf Strecken mit Geschwindigkeitsbegrenzung. Jeder Autobahnbenutzer kennt das:

Rechts ist reichlich Platz, aber links fährt jemand, der sich genau an das 100-Stundenkilometer-Gebot hält. Eisern. Und ganz ohne telepathische Fähigkeiten wissen wir: Der will uns ärgern. Wenn er selbst nicht schnell fahren darf, dürfen wir es auch nicht. Verflucht soll er sein.

Ich gebe es zu: Wenn das passiert, macht sich mein Finger an der Lichthupe selbständig und blinkt und blinkt und blinkt. Ich drücke auch schon mal auf die Hupe.

Das ist schlechtes Benehmen und außerdem meistens sinnlos. Autobahnschläfer reagieren auf ein freundliches Aufwachblinken, Oberlehrertypen gar nicht. Boshafte Menschen haben bessere Nerven als höfliche, sonst wären sie nicht boshaft.

Wie verhält sich der Höfliche? Sobald ich mich wieder beruhigt habe, warte ich, bis ein Superschneller mit mehr Überholprestige als mein Auto von hinten heranbrettert. Ich weiche nach rechts aus und lasse den Raser agieren. Der schafft meist, wozu ich zu höflich bin. Der Bremser geht ebenfalls nach rechts – und ich kann überholen. Hurra!

Wen kümmern Geschwindigkeitsregeln

Jeden Höflichen. Zumindest in der Stadt. Wo nur 30 erlaubt sind, sollte auch nicht mehr als 30 gefahren werden (oder nur ein bisschen mehr). Schließlich will ich in meiner eigenen Wohnstraße auch keine Raser. Schon gar nicht, wenn ich ein Kind habe.

In Hamburg und Berlin sind 60 Stundenkilometer in 50er-Zonen üblich und allseits akzeptiert. Aber mehr muss es wirklich nicht sein. Wozu? Um zwei Minuten eher im Büro zu sein?

Wer in der Stadt rast, hat keine Ahnung von Höflichkeit. Weil er sich und andere gefährdet, die anständige Mehrheit ärgert. Und damit den generellen Stresspegel erhöht.

Gilt das sogar nachts? Muss man sich selbst in leeren Morgenstunden an Geschwindigkeitsvorschriften halten? Damit mich kein übereifriger Staatsanwalt anklagt, sage ich nur: Sie sind doch erwachsen. Entscheiden Sie selbst, ob die Strecke übersichtlich genug ist, um auch betrunkene Torkler noch rechtzeitig zu sehen.

Dasselbe gilt für die Autobahn. Wer auch dem Gesetzgeber gegenüber höflich ist, bremst in den Langsamzonen auf die vorgeschriebene Geschwindigkeit. Auch wenn die Begrenzung manchmal nicht zu verstehen ist, vertraut er der Weisheit der Verkehrsbehörden.

Ebenfalls höflich finde ich es, sich dem Verkehrsfluss anzuvertrauen. Der ist auf Autobahnen meist 20 bis 30 Stundenkilometer schneller als erlaubt, aber alle kommen gut vorwärts.

Nie bei Rot über die Straße

Als Autofahrer sowieso nicht. Als Fußgänger auch nicht? Selbst wenn weit und breit kein Auto in Sicht ist? Höfliche schauen sich um, ob Kinder in der Nähe sind. Sie müssen Ampeldisziplin erst lernen, und kein Erwachsener sollte ihnen ein schlechtes Vorbild geben.

Sind weder Kinder noch Autos zu sehen, gehe ich auch dann über die Straße, wenn die Fußgängerampel Rot zeigt. Höflichkeit mir selbst gegenüber. Wer bin ich denn, dass ich mich an absurde, also im Moment völlig überflüssige Verordnungen halten muss?

Kein Alkohol am Steuer! Nie!

Ohne Wenn und Aber: Wer besoffen fährt, ist nicht nur unhöflich, sondern kriminell. Da bin ich stur. Zugegeben, in jungen Jahren habe ich's auch gemacht. Weil ich mich wie alle jungen Menschen für unverwundbar hielt, die Gefährdung anderer gekonnt verdrängt habe – und ich hatte Glück. Mehr Glück als Verstand. Letzterer ist seit damals etwas gewachsen. Vielleicht bin ich mit dem Älterwerden auch konservativer geworden (Hilfe! Nein!). So oder so gehört für mich das Nichtfahren nach der alkoholreichen Fete zur unbedingten Autofahrerhöflichkeit. In der City gibt's Bus, Bahn und Taxis, auf dem Land nur eine Regel: Wer fährt, bleibt nüchtern.

Übrigens: Wer Geld hat, um Freunde zu großen Feiern einzuladen, hat vielleicht auch genug, um ihnen als Gastgebergeschenk einen Taxigutschein für Hin- und Rückfahrt zu schenken. Höflichkeitsfaktor 100!

Wenn der Winter zuschlägt

Erstaunlich. Nachbarn, die sich vorher noch nicht einmal grüßten, werden zu hilfsbereiten Kumpeln, wenn's plötzlich eisig wird und die Batterie versagt. Da wird angeschoben. Da werden lächelnd Überbrückungskabel gelegt.

Plötzlich wandern Eiskratzer von Hand zu Hand. Schlossentfroster werden ohne Zögern zur Verfügung gestellt. Alle fahren vorsichtig und helfen Unglücklichen aus Straßengraben und Schneehaufen. Wie wär's mit – immer so?!

Nur eine Beule im Blech

Einparken rückwärts. Eine Sekunde Blackout und schon ist es passiert: Das Vorderauto hat eine Beule im Kotflügel. Mist! Der Höfliche zögert nicht. Er hinterlässt unter dem Scheibenwischer des fremden Autos ein Blatt Papier mit Namen und Telefonnummer. Und einer Entschuldigung! Und wenn er sich das Papier aus dem nächsten Geschäft holen muss. Nicht weil seine «Unfallflucht» bestraft werden könnte, sondern weil er andere so behandelt, wie er selbst behandelt werden möchte. Darauf gibt das Leben zwar keine Garantie, aber nach meiner Erfahrung ist die Realität netter, als Unhöfliche glauben. Außerdem verlangt es der Anstand, und Sie halten sich doch für einen anständigen Menschen, oder?

§ 1 der Straßenverkehrsordnung

Man mag unsere Gesetzgeber für blöde Bürokraten halten, die alles bis in die letzte Kleinigkeit regeln wollen. Vermutlich, weil sie uns für zu dumm halten, um allein vernünftige Entscheidungen zu treffen. Für die Formulierung des ersten Paragraphen der Straßenverkehrsordnung müssen sie eine Sternstunde erwischt haben. In einem Satz wird die Grundaussage des «Höflichkeitsfaktors» dargelegt:

«Jeder soll sich im Verkehr so verhalten, dass er keinen anderen mehr als unvermeidbar gefährdet, behindert oder belästigt.» *That's it!* Nicht nur beim Autofahren.

Hilfe! Skinheads im Anmarsch!

Mut lässt sich vom sicheren Schreibtischsessel aus leicht fordern. Den Mut einzugreifen, wenn kahlköpfige Jugendliche einen Schwarzen anpöbeln oder ein Betrunkener eine Frau anmacht. Gerät man aber persönlich in eine solche Situation, sieht die Sache schon viel gefährlicher aus. Wegsehen ist trotzdem keine Alternative.

Ein Tipp, den mir mal ein Polizist gegeben hat: Schreien Sie nicht nach Hilfe, sondern brüllen Sie «Feuer». Davor fürchtet sich auch der Angreifer, sieht sich um und gibt Ihnen Zeit zur Flucht. Darauf hören auch Vorbeigehende – und helfen Ihnen.

Eine Freundin von mir hat in einem U-Bahn-Wagen mit Skinheads mal ein paar Blätter aus ihrem Notizblock angezündet und dann laut «Feuer» geschrien. Alle Wegschauer sind beim Anblick der Flammen aufgesprungen – und haben nach dem Austreten der Flammen den Angegriffenen in ihren Kreis geholt.

Eine radikale Methode. Einfacher: Sofort mit dem Handy die Polizei alarmieren. Notruf 110! Dann zwei, drei, alle Nachbarn auffordern: Helft mit – und gemeinsam mit den Angreifern argumentieren. Ohne sie anzugreifen. Ohne Schimpfworte! Auch wenn Ihnen noch so sehr danach ist. Bleiben Sie höflich. Behandeln Sie auch die Aggressivsten wie Mitmenschen. Reden Sie mit ihnen. Nicht über ihr Verhalten, sondern zum Beispiel über Asylpolitik. Ihre Argumente können völlig aus der Luft gegriffen sein. Hauptsache, sie lenken ab – bis zur nächsten Station.

Mut ist selten. Nicht umsonst werden die wenigen wirklich Mutigen mit Orden ausgezeichnet, aber: Wollen Sie wirklich den Rest Ihres Lebens einen Feigling im Spiegel sehen? Weil Sie zugelassen haben, dass ein Unschuldiger verletzt wurde?

Schwarzfahrer, bitte melden!

Schwarzfahren lohnt sich. Statistiker haben es ausgerechnet. Wer ein ganzes Jahr lang mit Bus, U- oder Straßenbahn fährt, ohne zu bezahlen, spart auch dann Geld, wenn er einmal erwischt wird.

Warum bezahlen dann die allermeisten brav ihre Tickets? Nicht aus Angst, sondern weil sie sich selbst als anständige Menschen sehen und nicht als Betrüger.

Und was ist mit denen, die das völlig kalt lässt? Ihre Zahl wächst. Besonders unter den Jungen. Sie sehen das Nichtbezahlen als Sport: Wer ist geschickter? Die blöden Kontrolleure oder ich?

Anständig ist das nicht, sondern ein Affront gegen die Sollidargemeinschaft, ohne die das ganz normale Leben in einen Krieg aller gegen alle ausarten würde. Schließlich verlassen wir uns darauf, dass die Mitmenschen die normalen Regeln ebenso korrekt einhalten wie wir selbst. Und wir sehen Tag für Tag: Von Ausnahmen abgesehen machen sie es.

Mein Tipp heißt deshalb: Setzen Sie auf einen hohen Höflichkeitsfaktor – und bezahlen Sie. Und sei es nur, weil das die eigenen Nerven schont.

Die Polizei, dein Freund und Helfer

Nein, nicht alle Polizisten sind freundlich. Hielt mich doch am letzten Silvestervormittag einer auf und moserte an meinem eingedellten Kotflügel herum, und dass mein Auto eine Wäsche vertragen könnte. Nur weil er sonst nichts zum Meckern fand.

Höfliche Gegenreaktion: Immer nur lächeln. Unfreundlichkeit mit Nettigkeit beantworten. Das gilt vor allem, wenn man sich selbst nicht an die Straßenverkehrsordnung gehalten hat. Wenn die Polizisten Strafzettel verteilen, die Geschwindigkeit kontrollieren, den Alkoholspiegel prüfen – freundlich bleiben! Sachlich diskutieren! Erst recht, wenn Sie an einen der Blöden kommen (die gibt's aber seltener, als Stammtischrunden behaupten!).

Beim Streit mit Polizisten sitzen wir Autofahrer immer am kürzeren Hebel. Sie haben die Macht auf ihrer Seite, und kluge Menschen («klug» bedeutet hier immer auch «höflich»!) lassen sich nur auf einen Kampf ein, wenn es um mehr geht als einen Strafzettel. Und dann juristisch sauber. Beleidigungen werden zu Recht teuer bestraft.

Also: Erst mal entschuldigen, wenn die Paragraphen gegen einen sprechen, und schriftlich Einspruch erheben, wenn sich das wirklich lohnt. Auch dann – in höflicher Sprache.

Kommentar vom Freiherrn von Knigge: «Werde nie hitzig oder grob gegen Deine Feinde, weder in Gesprächen noch Schriften; und wenn böser Wille und Leidenschaft, wie es mehrenteils geschieht, bei ihnen im Spiele ist, so lasse Dich auf keine Art von Explikation ein. Schlechte Leute werden am besten durch Verachtung bestraft.»

Verdammte Rucksäcke!

Rucksackträger aufgepasst: Jetzt und immer, wenn Sie sich mit Ihrem Rucksack unter Menschen mischen. Solange er leer ist – kein Problem. Haben Sie ihn vollgepackt – verdammt, warum passen Sie dann nicht auf, wem Sie das Ding in den Rücken rammen?

Entschuldigung! Natürlich sind nicht alle Rucksackträger unhöfliche Trampel. In Bus, Bahn und Flugzeug gibt es aber reichlich viele, die keinerlei Rücksicht auf ihre Mitmenschen nehmen. Sie bewegen sich, als ob sie schlank wie immer wären, vergessen das klobige Ding auf ihrem Rücken und verletzen andere damit. Oder erschrecken sie zumindest. Und entschuldigen sich hinterher oft noch nicht mal. Höflichkeitsfaktor minus 80!

Geben Sie Ihr Gepäck auf!

Selbst normalerweise höfliche Menschen murmeln Beleidigungen, wenn sie im Flugzeug mal wieder hinter jemandem warten müssen, der Unmengen an Sperrgütern in den Gepäckfächern zu verstauen versucht. Und damit alle aufhält. Nur weil er zu faul oder zu ungeduldig ist, am Zielflughafen ein paar Minuten aufs aufgegebene Gepäck zu warten.

Das ist eine grobe Unhöflichkeit den Mitreisenden gegenüber! Beim Einsteigen wie beim Verlassen des Flugzeugs.

Höfliche nehmen Rücksicht und wirklich nur das erlaubte eine Stück Handgepäck mit in die Kabine. Unfreundlich wie auch ich ab und zu bin, wünsche ich mir: Liebe Fluglinien, bitte kontrolliert strenger. Auch wenn sich der eine oder andere Obergepäckverstauer beleidigt fühlt, alle anderen Paxe werden es euch danken.

Essen und trinken

Handys im Restaurant	Rotwein zu Fisch	Kein Parfüm zum Essen
minus 100	Höflichkeitsfaktor normal	plus 100

Und wie, bitte, isst man Austern?

Wollen Sie das wirklich wissen? Na denn: Man nehme die Austerngabel in die rechte, die Auster in die linke Hand, bohre die Gabel unter das glitschige Muschelfleisch und löse es von der Schale, an der es festgewachsen ist. Dann ziehe man die Hand mit der Gabel zurück, lasse sie neben dem Teller von der Arbeit ausruhen und schlürfe die Auster mit dem in der Schale befindlichen Meerwasser in den Mund. Lautlos!

Klingt ganz einfach. Ist es auch. Genauso wie Artischocken zu essen. Jeder, der es einmal gesehen hat, kann mit spitzen Fingern Blättchen für Blättchen von dem gekochten Gemüse abzupfen, die fleischige Seite in die bereitgestellte Sauce tunken, das Blatt ohne Kleckern zum Mund führen und abnagen. Wie ein Hase die Möhre. Mit den Vorderzähnen.

Sogar das korrekte Verspeisen eines im Ganzen servierten Hummers ist simpel: Dessen Schwanzfleisch – später das Fleisch der großen Scheren – wird mit dem Messer von der roten Schale gelöst, in mundgerechte Bissen geschnitten und dann verspeist. Mit Genuss, denn Hummer schmeckt tatsächlich klasse. Manche Menschen essen aus dem riesigen fleischlosen Kopf auch das Gehirn. Geschmackssache. Es schmeckt nach fast nichts und sieht unappetitlich aus.

Die kleinen Fußglieder darf man mit beiden Händen aus den Gelenken lösen – zum Händewaschen gibt's später eine Schale mit Zitronenwasser, zum Händetrocknen die Serviette. Dann stochert man mit der langen, dünnen, zweizinkigen Hummergabel so lange darin herum, bis man das dünne Fleisch herausziehen kann. Unter uns: Die Arbeit lohnt sich nicht, es schmeckt nach wenig.

Und wenn etwas auf dem Teller liegt, was man noch nie gegessen hat?

Etwas, von dem man nicht weiß, wie man es in den Mund befördern soll? Dann gibt's zwei Möglichkeiten:

- Abwarten und unauffällig gucken, wie es der Gastgeber oder die Tischgenossen machen.
- Einfach den Nachbarn fragen: Verzeihung, so etwas habe ich noch nie gegessen. Wie geht man damit um?

Damit blamiert man sich nicht, sondern liefert dem Befragten eine Chance, mit den eigenen Kenntnissen zu glänzen. Wenn auch er nur seine Unkenntnis bekennen kann? Dann fragen Sie Kellner oder Kellnerin. Höflich, freundlich, lächelnd: Was ist das, und wie isst man es?

Die «feine» Gesellschaft früherer Zeiten war reich genug, um schon den Kindern beizubringen, wie «man» Kaviar oder Hummer fein verzehrte: Kaviar zum Beispiel nur vom Perlmuttlöffel, weil das alte Familiensilber seinen Geschmack verdarb (modernes Besteck ist geschmacksneutral, auch das aus echtem Silber!). Heute muss das keiner mehr wissen. Man fragt. Unter anderem, weil sich aus einer solchen Frage ein interessantes Gesprächsthema ergeben kann. Außerdem: Wie oft isst ein normaler Mensch schon Austern, Artischocken oder Hummer? Richtig. Fast nie. Und weil die meisten sich nicht auskennen, lassen sie Austern- und Hummerfleisch vom Küchenpersonal aus den Schalen lösen und mundgerecht auf ihren Teller legen. Deshalb gibt es nur noch eine durchgängig gültige Benimmregel fürs Essen in Gesellschaft: Iss so lautlos und unauffällig, dass sich kein Tischnachbar gestört fühlt. Wie du das machst, ist egal.

Apropos Austern: Nur wenn sie wirklich frisch sind, sind sie auch bekömmlich. Verdorbene Austern können gräßliche Magen- und Darmstörungen hervorrufen. Zwei untrügliche Erkennungsmerkmale gibt es: Wer Austern mit Zitronensaft isst, sieht am Zusammenzucken der lebenden Muschel, dass sie frisch ist. Wer gar nicht daran erinnert werden will, dass er hier Lebendiges schlucken wird, und deshalb auf Zitronensaft verzichtet, riecht an der Auster. Erschnuppert er mehr als einen minimalen Hauch von Meerwasser, sollte er seiner Gesundheit wegen verzichten: Frische Austern riechen nach – nichts!

Sechs Bestecke: Wo anfangen?

Ungeübte schauen bei Einladungen zu Mehr-Gänge-Menüs auf die Reihen des Bestecks links und rechts vom Platzteller, auf die Gläser, die oberhalb davon aufgereiht wurden, und ihr Magen verknotet sich zu einem harten Klumpen. Hilfe!

Man benützt die Essgeräte von außen nach innen. Was rechts und links ganz außen liegt, ist für den ersten Gang und wird mit dem leeren Teller abgeräumt – und so weiter. Bis zum Dessert. Der Löffel (und eventuell das Gäbelchen), mit dem der Nachtisch gegessen wird, liegt oberhalb des Tellers.

Gibt es zum Essen verschiedene Weine, muss sich nur derjenige Gedanken um die Reihenfolge der Gläser machen, der einschenkt. Der Gast sieht sofort: Der erste Wein kommt zum ersten Gang ins Glas rechts außen (meist ein weißer). Das wird abgeräumt, sobald der Teller weg ist. Und nun ist wieder das erste rechte Glas in der übrig gebliebenen Reihe dran, das nach wie vor nur am Stiel angefasst wird. Das sieht eleganter aus und der Wein bleibt länger kühl, was zumindest bei Weißwein, Sekt und Champagner den Genuss erhöht. Für Roten ist es nicht so wichtig, weil seine stärkeren Aromastoffe auch höhere Temperaturen (bis 20, maximal 23 Grad) gut aushalten.

Übrigens: Wohlerzogenheit zeigt, wer nach dem Essen sein Besteck jeweils schräg auf den Teller legt – das Messer rechts mit der Schneide zur Gabel. Daran erkennen Kellner: Aha, der Gast will nicht mehr. Auch wenn der Teller noch halb voll ist. Wer nach einer Pause für längere Gespräche weiteressen will, kreuzt Messer und Gabel vor sich auf dem Teller.

Und noch etwas: Iss deinen Teller leer!, befehlen heute nicht mal mehr Eltern ihren Kinder. Schließlich gibt's schon genug Dicke auf der Welt. Bei Einladungen oder im Restaurant wird erst recht niemand zum Aufessen gezwungen. Höfliche Gäste denken dann allerdings nicht nur an ihre Figur, sondern auch an den Koch (oder die Gastgeber) und sagen dem abräumenden Servicepersonal zum Beispiel: Perfekt zubereitet, aber leider zu viel für meinen Appetit.

Weißwein zum Rehrücken? Warum nicht?

Wenn Sie es lieber anders mögen, können Sie die alte Kombiregel ‹Weißwein nur zu Fisch und hellem Fleisch, Rotwein nur zu dunklem, besonders zu Wild› vergessen.

Natürlich «passt» das gut, weil Weißwein meist weniger Aromen hat als Rotwein und deshalb den Geschmack von Fisch und hellem Fleisch nicht übertönt.

Trotzdem: Auch wenn der Geschmack von Wein und Essen sich im Idealfall ergänzen sollte – wer keinen roten Wein mag, kann heute auch zum Entenbraten weißen trinken. Kenner wählen dann geschmacksreichen wie etwa Riesling, Weißburgunder oder Chardonnay. Und Rotwein «passt» für seine Anhänger auch zum gebratenen Fisch. Es muss ja kein 20 Jahre alter Bordeaux sein, dessen Aromavielfalt ihn ertränken würde.

Und wie steht's mit Bier? In feinen Restaurants sind Biertrinker nicht gern gesehen. Erstens weil Bier der gastronomischen Luxustradition widerspricht und die meisten Köche konservativ sind. Zweitens weil die Wirte in erster Linie am Wein verdienen, da sie bei ihm mehr auf den Einkaufspreis aufschlagen können, ohne dass es auffällt.

Natürlich wirkt es gut, wenn jemand witzig über Weinjahrgänge und Rebsorten plaudern kann. Und wer sich nicht auskennt, kann immer den Sommelier, den Weinfachmann eines Restaurants, um Auskunft bitten. Bei Einladungen sagt er am besten – nichts. Auch nicht über den Geschmack des Weines! Vielleicht ist ja das, was man selbst als «sauer» bezeichnen möchte, ein edles Gewächs zu einem «edlen» Preis. Dann würde eine abfällige Bemerkung den Gastgeber kränken. Die Höflichkeit fordert vom Weinlaien deshalb nur ein nachdenkliches Gesicht und nach dem ersten Schluck vielleicht ein «interessant». Das passt immer.

Den Bierfreund braucht das nicht zu kümmern. Zumindest wenn er sich das Essen selbst gönnt. Dann kann er von der Vorspeise bis zum Dessert Bier trinken, ohne dass der Ober sein Lächeln verlieren darf. Nur wenn er eingeladen ist und der Gastgeber Wein bestellt, muss er auf sein Lieblingsgetränk verzichten. Das ist eine Frage der Höflichkeit – so wie es für den Einladenden zur selbstverständlichen Höflichkeit gehört, Wasser für all jene zu bestellen, die grundsätzlich oder der automobilen Fahrtüchtigkeit wegen auf Alkohol verzichten.

Wer nicht raucht, hat Recht. Leider!

In Europa ist Rauchen zumindest nach dem Essen grundsätzlich erlaubt (in den USA wird es immer grundsätzlicher verboten). Vor dem Essen und zwischen den Gängen ist es eine Frage der Absprache: Höfliche Raucher lassen es, wenn nur ein Mitesser am Tisch «Bitte, nein!» sagt, die weniger Höflichen richten sich nach der Mehrheit.

Einsprüche vom Nachbartisch gegen das Rauchen sind unhöflich! Nichtraucher, die in Kneipe, Bistro oder Edelrestaurant essen gehen, müssen Raucher dulden. Noch oder für immer? Der Zeitgeist wird's zeigen.

Hohes Trinkgeld – hoher Höflichkeitsfaktor?

Bei der Frage nach dem Trinkgeld für die Kellner scheiden sich Großzügige von, na ja, nicht unbedingt von Geizigen, aber von strengen Rechnern. Normal sind zehn Prozent des Rechnungspreises, nicht unüblich – wenn der Gast wirklich zufrieden war – 15 Prozent. Eine Aufrundung von 29 auf 30 Euro für ein Zwei-Personen-Essen ist deshalb so oder so unhöflich. Ein Fünf-Euro-Stück zusätzlich sollte man schon drauflegen. Zumindest wenn man sich gut behandelt fühlt.

War der Service schlecht und unfreundlich, gibt's keinen Cent Trinkgeld. Logisch! Höflichkeit beruht schließlich auf Gegenseitigkeit, und wer im Service sein Geld verdienen will, weiß: Ein hoher Höflichkeitsfaktor gehört zum Kellnerberuf wie Messer und Gabel zum Essen.

Bitte vier Plätze!

In Frankreich ist es seit langem gutes Benehmen: Wenn Gäste ein Restaurant betreten, warten sie, bis ein Kellner sie nach ihren Wünschen fragt. Sie setzen sich nicht einfach an irgendeinen Tisch, der ihnen gut erscheint.

Bei unseren französischen Nachbarn entstand der Brauch, weil die meisten Bistros nicht nur Essen servieren, sondern auch jene freundlich empfangen, die nur einen Pastis trinken wollen. Der Kellner setzt sie entsprechend an gedeckte und ungedeckte Tische.

Deutschland zieht nach. Außer in einfachen Kneipen und Wirtschaften warten die Gäste höflich am Eingang, bis sie vom Personal angesprochen werden – besonders wenn sie keinen Tisch reserviert haben. Auch in leeren Restaurants? Ja. Das ist zwar nicht logisch, aber so macht «man» es eben.

Puder und Lippenstift nach dem Essen

Bis in die 1980er Jahre galt es als Fehler, wenn sich eine Frau im Restaurant nach dem Essen am Tisch die Lippen nachschminkte und die Nase in Gegenwart anderer Gäste puderte: Igitt, murmelte die Hamburger Dame schockiert.

Heute murmelt keiner mehr. Nachschminken ist erlaubt. Schnell und kurz. Ohne lange Betrachtungen im Schminkspiegel. Frauen, die mehr als zwei Minuten zur Wiederherstellung ihrer Auftrittsschönheit veranschlagen, sollten auf die Toilette gehen. Das ist höflicher, als in Gegenwart der Tischpartner die eigene Schönheit zu bewundern – und mit aller Geduld zu restaurieren.

Wenn Männer einladen

So machen's heute noch feine Herren:

- Er geht vom Parkplatz bis zur Restauranttür links von der Dame oder am Straßenrand: eine Regel aus dem 17. Jahrhundert, damit er jederzeit seinen Degen ziehen und sie verteidigen oder mit dem eigenen Leib vor durchgehenden Kutschpferden schützen konnte.
- Er geht zuerst in ein Lokal und verlässt es hinter ihr: So schützt er sie vor aufdringlichen Blicken fremder Nicht-Herren.
- Er steht immer vom Tisch auf, wenn eine Dame sich erhebt. Das Etikettegebot stammt aus der Zeit eng geschnürter Korsetts: Schnelles Aufstehen führte häufiger zu einem Ohnmachtsanfall des schwachen Geschlechts. Der Retter in der Not hatte die malerisch zusammensinkende Dame dann zärtlich aufzufangen.
- Ihm steht im Lokal der Platz mit dem Rücken zur Wand zu: Bis vor 100 Jahren galt der Herr beim weiblich/männlichen Duo immer als die Respektsperson und bekam den besseren Platz.
- Er sucht die Getränke, ganz besonders den Wein aus.
- Er bezahlt die Rechnung: Wo käme man(n) denn hin, wenn Frauen über das Geld herrschten?

Alles alter Quatsch, auch wenn höfliche 50-Jährige sich noch gut daran erinnern können. Nette Männer helfen netten Frauen zwar nach wie vor aus dem Mantel und hängen ihn für sie auf. Mann wie Frau halten jenen, die hinter ihnen kommen, die Tür auf. Jeder jedem! Im Restaurant wie im Kaufhaus! Damit hat sich's.

Er braucht sich nicht mehr links von ihr zu halten. Er muss nicht mehr aufstehen, wenn sie auf die Toilette geht. Er kann ihr den freien Blick ins Lokal gönnen.

Getränke wählt jeder nach dem eigenen Geschmack, und wer bezahlt, ist eine Frage der vorherigen Absprache. Generell derjenige, der eingeladen hat. Seien es private oder dienstliche Essen.

In Deutschland sind zum Ärger der Kellner auch geteilte Rechnungen möglich. In Frankreich und rund ums Mittelmeer werden deutsche Urlauber, die Einzelrechnungen verlangen, nach wie vor für unhöflich gehalten. Außer in der Kantine und am Stammtisch finde ich, zu Recht. In Restaurants wirkt es einfach schäbig, wenn jemand sagt: Ich hatte aber ein Glas Wein weniger. Mein Vorschlag: Mal zahlt der eine, das nächste Mal der andere. Auf Dauer gleicht sich das wunderbar aus. Pfennigfuchser sollten allein essen gehen!

Bewahren Sie Haltung!

Manch ein Älterer erinnert sich noch an die Mahnungen der Eltern: Sitz gerade! Lümmle nicht! Nimm die Ellbogen an deinen Körper und vom Tisch, wenn du isst! Schmatz nicht! Lass die Finger vom Teller! Tut mir Leid, aber:

All diese Befehle sind und bleiben aktuell für jeden, der einen guten Eindruck machen will. Warum? Weil ein Mensch auch beim Essen ästhetisch, also angenehm aussehen soll. Deswegen die gerade Haltung, das Schmatzverbot, der höfliche Wunsch, dass auch «schwierige» Gerichte ohne Qietsch und Kratz auf dem Teller mit Messer und Gabel gegessen werden – ohne lautes Schmatzen. Das ist noch nicht mal am Currywurst-Imbiss erlaubt. Und was die Ellenbogen angeht:

Wer nicht wie ein hysterisches Huhn aussehen will, hält sie so dicht wie möglich am Körper. Nicht umsonst mussten Kinder feiner Familien so lange mit je einem Buch unter den Armen essen, bis sie es gelernt hatten. Ellenbogen gehören auch nicht auf den Tisch. Zumindest solange gegessen wird, ist das VERBOTEN. Weil es hässlich aussieht und Hässlichkeit eine Unhöflichkeit gegenüber den Mitessern ist! Das gilt auch im Familienkreis, denn nur so können Kinder sich von den Eltern den richtigen Benimm abgucken. Es gilt sogar, wenn Singles allein zu Hause sind. «Anständig» gegessen, ich versprech's, schmeckt das Essen besser. Außerdem: Warum sollte ich mir selbst gegenüber unhöflicher sein als gegenüber anderen? Das würde doch einen Mangel an Selbstrespekt zeigen, oder?

Übrigens: Auf Heißes zu pusten, bevor man es in den Mund steckt, ist – erlaubt! Heute, früher nicht. Niemand muss sich absichtlich den

Mund mit Suppe verbrennen! Aber bitte: Pusten Sie leise und unauffällig!

Parfüm? Schlimmer als Handys!

Es kann noch so luxuriös sein – höfliche Menschen verzichten auf Parfüm, wenn sie in ein Restaurant oder zu Fremden essen gehen. Oder wenn es unbedingt sein muss, besprühen Sie sich höchstens mit einem Hauch von Duft, weil es beim genussvollen Essen nicht nur auf den Geschmack, sondern auch auf den guten Geruch ankommt. Wird der von heftigen Parfümgerüchen übertönt, nimmt der Träger seinen Nachbarn den halben Genuss (er selbst riecht sich ja schon nach kurzer Zeit nicht mehr). Muss das sein? Nein. Es ist eine grobe Unhöflichkeit. Schlimmer als Handyklingeln und Handygespräche während eines gemeinsamen Essens. Apropos:

Wer auf sein ebenso praktisches wie für Fremde lästiges Telefon nicht verzichten kann, weil er auf einen dringenden Anruf wartet, muss das vor dem Essen sagen – und dann so kurz wie möglich telefonieren.

Was darf man mit den Fingern essen?

Hhhm, schwierig. Wirklich wohlerzogene Leute schälen auch Apfel, Pfirsich oder Birne mit Messer und Gabel und schneiden sich dann mundgerechte Bissen ab. Sie fassen nicht mal ein belegtes Brot mit den Fingern an. Ich finde das übertrieben. Am Imbiss isst sowieso jeder mit der Hand. Bei Fingerfood, den kleinen Bissen in Mundgröße, die oft als Appetizer zum Aperitif gereicht werden, sagt schon der Name, dass Messer und Gabel überflüssig sind. Abgesehen davon empfehle ich pragmatisch:

Alles, was die Finger klebrig macht, wird mit Besteck gegessen, alles andere ohne. Bei Gastgebern, die ich nicht gut kenne, übertrage ich diese Regel sogar auf Schinken- und Käsebrot. Das wirkt ungeheuer wohlerzogen, verwandelt sich allerdings zur Unhöflichkeit, wenn die Gastgeber es mit den Fingern essen. Also: Erst beobachten, dann anpassen.

Übrigens: Brot, das es in Restaurants zum Essen gibt, wird nie mit Messer und Gabel bearbeitet. Das wäre bei den kleinen Schnittchen oder Minibrötchen lächerlich. Allerdings gilt für alle, die einen guten Eindruck machen wollen: «Man» bestreicht es nie ganz mit Butter oder was sonst dafür bereitsteht, denn man beißt nicht ab. Stattdessen wird immer nur ein mundgroßes Stück abgebrochen und das Messer mit dem Aufstrich daran abgestrichen. Wie gesagt: Das gilt als gutes Benehmen. Wichtig ist aber nur:

Essen Sie auch Brot so, dass Sie das Auge anderer nicht beleidigen – und lassen Sie es sich schmecken. Angebrochen oder abgebissen.

Spargel mit dem Messer? Aber gern!

Noch im letzten Jahrhundert, zumindest in seiner Frühzeit, war Spargelessen ein Schweinkram. Die Stange durfte nämlich nicht in mundgerechte Stücke geschnitten werden, sondern musste im Ganzen mit der Gabel in Richtung Mund balanciert und hineingeschoben werden. Auch wenn die Backen dann fast platzten. Oder man zerteilte sie mit der Gabel, aber das war selbst dann, als Spargel noch wie für Zahnlose durchgekocht wurde, schwierig genug. Wenn die Schäler nicht großzügig gearbeitet hatten, ging's nur mit hohem Kraftaufwand.

Der Grund für die alte Etikettevorschrift: Das Silberbesteck, das früher benutzt wurde, färbte sich beim Kontakt mit den Spargelsäuren schwarz – und das Aroma der feinen Stangen verwandelte sich von genussvoll zu metallisch-bitter. Kein Wunder, dass Schneiden verpönt war.

Heute gibt weder Silber noch Besteck aus anderem Metall Eigengeschmack ab. Deshalb kann und darf Spargel wie jedes Gemüse selbstverständlich mit dem Messer zerschnitten werden. Das ist auch nötig, denn seit er des kräftigeren Aromas wegen «al dente» gekocht wird, kann keine Gabel ihn «zerschneiden».

Nur bei Kartoffeln hält sich die alte Anti-Kontakt-Regel aus der Silberbesteckzeit: Wer wohlerzogen wirken will, schneidet sie nicht durch, sondern teilt Kartoffeln mit der Gabel – wie alles, was zum Zerlegen nicht unbedingt die Schärfe eines Messers braucht.

Darf ich meine Sauce auftunken? Gern!

Seien wir ehrlich: Den Geschmack von Fleisch und Fisch, ja auch von Salat und Gemüse kennen Erwachsene auswendig. Was den Unterschied ausmacht, sind die guten Saucen, die sie begleiten. Aber:

Darf «man» sie mit Brot auftunken? In Frankreich darf man, zumindest in einfacheren Restaurants. Auch in Italien nimmt jeder Kellner es als Kompliment an den Koch. In Deutschland wird es von allen Benimmlehrern verboten. Von mir nicht! Ich finde:

Wenn eine Sauce wirklich gut schmeckt, will ich sie bis zum letzten Tropfen genießen. Wenn kein Saucenlöffel neben meinem Teller liegt und das Restaurant nicht danach aussieht, als ob ich ohne lange Erklärungen einen bekommen könnte, dann tunke ich mit Brot, ohne mich um abfällige Blicke zu kümmern – mit jeweils einem mundgroßen Stück. Hhhhmm, guuut!

Brauchen Sie einen Serviettenkurs?

Unsinn. Jeder weiß doch, wie er mit einer Serviette umgeht. Er wischt sich den Mund damit ab. Wann? Unbedingt jedes Mal, bevor er aus einem Glas trinkt! Der Schönheit wegen, denn Ess-, Spucke- und Lippenstiftspuren machen es hässlich. Und welche Seite der Serviette wird benützt? Na? Immer nur eine – das ganze Essen hindurch. Damit man sie hinterher lässig so zusammenfalten kann, dass beim Ablegen neben dem Teller das saubere Stück obenauf liegt (allenfalls Papierservietten kommen zusammengeknüllt auf ihn).

Dass die Serviette nicht in Kragen oder Ausschnitt gestopft wird, hat sich herumgesprochen. Weniger bekannt ist immer noch: Auch das Zusammenfalten nach dem Essen findet auf dem Schoß statt und nicht für alle sichtbar!

Übrigens: Erschrecken Sie nicht, wenn in feinen Restaurants in England oder den USA der Kellner vorm Essen Ihre Serviette entfaltet und vorsichtig auf Ihren Schoß drapiert. Er hält Sie nicht für unfähig. Für ihn gehört es zum höflichen Service.

Guten Appetit und prost!

«Man» sagt es nicht. Befinden die meisten Etikettebücher. Weil unser Appetit groß genug ist und Zuprosten aus der Mode gekommen. Mag sein. Ich finde: Der Gastgeber (oder die wichtigste Person in einer Restaurantrunde) kann ruhig sagen: Möge es Ihnen/euch schmecken! Und was spricht gegen ein freundliches «Auf Ihr Wohl» beim ersten Schluck aus dem Weinglas? Nichts! Es hat einen hohen Höflichkeitsfaktor.

Mit den Gläsern angestoßen wird höchstens noch auf Hochzeiten, runden Geburtstagen oder Jubiläen. Der Gläserklang soll seit Jahrhunderten die guten Wünsche in den Himmel tragen – und es klingt einfach schön. Im Restaurant ist das eher unüblich – genau wie das «Prost».

Du willst mich doch nicht von der Steuer absetzen!?

Lädt er sie zu einem privaten Essen in ein Restaurant ein (oder sie ihn), lässt er die Rechnung nach dem Bezahlen auf dem Tisch liegen! Er steckt sie nicht ein! Wie sieht das denn aus, wenn er den Verführungsabend von der Steuer absetzt? Beschissen. Außerdem macht solche Großzügigkeit tiefen Eindruck. Sollte sie nachfragen und auf seine Erklärung hin insistieren: «Aber nicht doch! Mir macht das nichts aus! Nimm die Rechnung mit!» Dann betrügt er zwar die Steuerbehörden, aber ihr hat er durch einen beeindruckend hohen Höflichkeitsfaktor gezeigt: Du wärest es mir wert!

Auf zur Schlacht am kalten Buffet!

Hier scheiden sich deutlich die Höflichen von den Stoffeln, die Erfahrenen von den Dummen. Erstere wissen: Es gibt immer genug für alle. In Restaurants wird beim Brunch wie beim Abendbuffet ständig nachgelegt, und private Gastgeber blamieren sich auch nur ungern durch Geiz. Deshalb kann man sich Zeit lassen und bescheiden sein: nicht im Sauseschritt auf die Fresswiese zurasen, den Teller NICHT bis zum Rand vollladen, denn die richtige Buffetdevise heißt «Abwarten und mehrmals gehen». Und sich vor allem nichts selbst nehmen, wenn hinter den beladenen Tischen Köche stehen. Sie können den Truthahn besser tranchieren als jeder Gast, kennen die richtigen Fleisch-Saucen-Kombis und belegen die Teller ohne zu kleckern. Höfliche genießen ihren Service!

Lass die Politik aus dem Spiel!

Eine alte, aber gute Regel für Tischgespräche, die schon bei unseren Ahnen galt: keine Politik. Denn dabei geht es weniger um Logik und sachliche Argumente als um Glaubensfragen. Atomstrom oder Solarzellen? Ökolandwirtschaft oder Schweinegroßmast? Globalisation oder Schutz von Minderheiten? Beim gemeinsamen Essen haben solche Fragen nichts zu suchen. Es soll ja die Seele streicheln und nicht Wunden schlagen. Die sind bei politischen Gesprächen, besonders wenn der Alkoholpegel im Lauf des Abends steigt, oft schwer zu vermeiden. Aber Politik ist nicht das einzige Thema, das heute noch tabu ist. Auch die eigene Diät ist kein passendes Tischgespräch (außer Sie haben einen wirklich revolutionären Tipp!), ebenso wenig sind es eigene Krankheiten oder Verluste an der Börse.

Alles, was die Stimmung drücken könnte, ist verboten. Und was ist erlaubt? Unter Fremden: das Ausfragen des Tischnachbarn nach Sternzeichen, Beruf, Hobbys, Musikvorlieben und zum Beispiel Urlaubserfahrungen. Unter Freunden: alles, sogar Politik. Man wäre ja nicht befreundet, wenn man nicht auch in politischen Fragen ähnliche Ansichten hätte. In der Familie: alles außer Streitthemen. Die können nach Tisch, wenn alle satt sind, mit mehr Vernunft besprochen werden.

Iss niemals Froschschenkel!?

Zumindest beim Reden sind wir heute politisch korrekt. Wer gibt schon zu, dass er nach wie vor die billigsten Eier kauft, obwohl sie aus «Käfighaltung» kommen? Niemand, aber Millionen machen es. Sonst wären die Hühnerbarone längst pleite.

Ich kaufe nur Eier aus Freilandhaltung, denn ich finde: Höfliche Menschen sind auch Tieren und der Natur gegenüber anständig. Sie essen keine Froschschenkel, auch in Frankreich nicht, wo man sie noch bekommt, denn die Frösche werden zur Mückenvernichtung gebraucht und sind am Aussterben. Thunfisch wird nur gekauft, wenn auf der Verpackung die für Delphine sicheren Netze vermerkt sind, und Biogemüse ziehen Höfliche dem Normalkram vor – um die Ökobauern zu unterstützen.

Höfliche Menschen essen keine Gänsestopfleber (ich gestehe: ich tu es ab und an, weil sie einfach zu gut schmeckt), und Höflichkeitsfaktor 100 verdient, wer ganz auf Fleisch verzichtet. Das schaffe ich nicht, aber ich gebe zu: Wirklich anständig ist das mit Blick auf die Massenaufzucht nicht.

Zigarre vor dem Dessert?

Nein. Wer nach einem guten Essen seine Zigarre genießen will, darf sie erst anstecken, wenn auch der letzte Dessertteller abgeräumt worden ist. Zumindest im Restaurant. Erstens, weil höfliche Menschen zwischen den Gängen eines Menüs gar nicht rauchen (außer alle am Tisch sind damit einverstanden), und zweitens, weil es den fürs Dessert zuständigen Koch in der Restaurantküche zum Wahnsinn treibt.

Er hat nichts gegen Zigarren, bestimmt nicht, aber wenn's eine dicke ist, kann ihr Genuss eine Stunde dauern. Und der Dessertkoch kann nicht nach Hause gehen, solange ein Gast raucht. Und raucht. Und raucht … und das Dessert nicht angerichtet und endlich an den Kellner abgegeben werden kann.

Außerdem stellt sich für Zigarrenraucher die gleiche Höflichkeitsfrage wie für alle Restaurantgäste: Bis wie spät in die Nacht hinein darf man den Kellner mit immer neuen Weinbestellungen nerven?

Offiziell natürlich bis zur individuellen Sperrstunde des Restaurants. Wer den Beruf des Kellners ausübt, weiß, der Gast hat immer Recht. Trotzdem:

Wenn sich das Lokal, in dem man sitzt, bis auf den eigenen Tisch geleert hat, wird es für höfliche Gäste wirklich Zeit, ebenfalls um die Rechnung zu bitten. Der Service hat auch Rechte – zum Beispiel auf seinen Feierabend. Oder auf ein sehr hohes Trinkgeld.

Neue Regeln für den Beruf

Intrigen	Klatsch	Teamwork
minus 100	Höflichkeitsfaktor normal	plus 100

Sex auf dem Büroschreibtisch?

Muss es denn sein? Ja? Na, denn. Solange kein Hausmeister, Chef oder Kollege Sie dabei erwischt …

Wenn doch? Gelassen reagieren. Es gibt kein Gesetz gegen Sex am Arbeitsplatz. Auch keine Etiketteregel. Obwohl erotische Gymnastik auf dem Schreibtisch selbst außerhalb offizieller Arbeitszeit meist strikt abgelehnt wird (zumindest offiziell). Sie ist – wenn die Beteiligten sonst gute Arbeit leisten – kein Kündigungsgrund. Ziehen Sie sich etwas über oder die Hosen hoch und entschuldigen Sie sich für die Aufregung, die Sie verursacht haben.

Benimmvorschriften gibt's nur für die Zeit danach. Hier wird Zurückhaltung gefordert. Keine verliebten Blicke, erst recht kein Händchenhalten in der Kantine. Keine Liebesbriefe übers Intranet der Firma! Kollegen, die sich in der Virtualität auskennen, können sie mitlesen, und Chefs ärgern sich über die Zeit, die ihnen gestohlen wird. Und keine Erpressungsversuche nach dem Motto: Sex gegen Beförderung oder mehr Gehalt. Auch keine Einschüchterung von oben nach unten: Verweigerst du den Sex, mach ich dir das Leben sauer.

Schwer durchzuhalten, da sich mindestens ein Drittel aller Paare am Arbeitsplatz kennen und lieben lernen. Deshalb sollte man sich seine Sexwünsche woanders erfüllen. Vor allem die Chefs. Natürlich heiratet ein Firmenboss ab und an seine Sekretärin. Wahrscheinlicher: Er befriedigt nur seine Lust. Und weil er die Macht hat, kann er die Affäre ohne Rücksicht auf ihre Gefühle beenden. Und sie in die Buchhaltung versetzen. Höflichkeitsfaktor minus 100, aber – so ist das Leben.

Wie viel verdienst du?

In Deutschland gilt die Benimmregel: Danach fragt man noch nicht mal Freunde. Der eigene Verdienst und die Höhe des Vermögens sind das letzte allgemein anerkannte Tabuthema.

Das gilt – nicht überall gleich streng – für ganz Europa. Sie mögen das ebenso verrückt finden wie ich. Schließlich liefert das Schweigen der Lohn-, Gehalts- und Honorarempfänger Vorgesetzten und Auftraggebern einen breiten Spielraum für ihre Manipulation. Und damit zum Sparen. Ans Redeverbot halten müssen wir uns trotzdem. Nicht aus Höflichkeit den Bossen gegenüber, sondern um Gesprächspartner nicht in Verlegenheit zu bringen.

In den USA sind Fragen nach dem Einkommen zur Gesprächseröffnung so beliebt wie das Wetter. Absolut etikettegerecht. Genauso üblich ist dabei eine großzügige Aufrundung des Realgehaltes nach oben! Man möchte schließlich Eindruck machen.

Kommentar vom Freiherrn von Knigge: «Jeder Mensch gilt in dieser Welt nur so viel, als wozu er sich selbst macht. … Ein Satz, der auf die Erfahrung aller Zeitalter gestützt ist. … Er kann uns lehren, nie ohne Not und Beruf unsre ökonomischen, physikalischen, moralischen und intellektuellen Schwächen aufzudecken. Ohne sich also zu Prahlerei oder niederträchtigen Lügen herabzulassen, soll man doch nicht die Gelegenheit versäumen, sich von seinen vorteilhaften Seiten zu zeigen.»

Wie halten Sie es mit der Schwarzarbeit?

Schwarzarbeiter betrügen den Staat jedes Jahr um Milliardensummen, weil sie weder Steuern noch Beiträge zur Kranken- und Rentenversicherung zahlen. So etwas hat natürlich einen Höflichkeitsfaktor weit unter null. Entschuldigt wird es mit viel zu hohen Abgaben. Diese drängen, so argumentieren auch Wirtschaftsexperten, Tausende in die «Schattenwirtschaft», die ohne Schwarzarbeit keine Chance auf ein anständiges Leben hätten.

Ich glaube das nicht. Meiner Erfahrung nach geht es meist nicht ums Brot auf dem Tisch und die Butter darauf, sondern ums Abbezahlen eines neuen Autos oder einer besseren Hi-Fi-Anlage.

Für mich ist die Frage der Schwarzarbeit auch eine der Solidarität mit anderen Menschen. Ebenso Steuerflucht und Steuerbetrug: Wer zu Hause gute Straßen erwartet, gute Schulen und eine gute Polizei, der muss dem Staat auch das notwendige Geld geben. Deshalb ist Schwarzarbeit unanständig.

Ein Termin ist ein Termin ist ein Termin

«A rose is a rose is a rose ...» So beginnt ein Gedicht der Amerikanerin Gertrude Stein aus den 1920ern, denn die Rose braucht keine Interpretation. Sie ist sie selbst. Ein Termin auch. Unumstößlich. Unbedingt einzuhalten. Und nur mit höflicher und rechtzeitiger (!) Entschuldigung neu auszuhandeln.

Unüblich? Kein Neubau wird termingerecht fertig? Ständig verschieben Firmen ihre versprochenen Lieferfristen auf übermorgen? Wohl wahr, aber anständige Menschen versuchen ihr Bestes, um so etwas zu vermeiden. Aus Höflichkeit, aber auch aus Eigeninteresse:

Wer Termine einhält oder sie rechtzeitig neu aushandelt, wenn sie wirklich nicht einzuhalten sind, macht sich beliebt. Er pflegt seinen Ruf der Zuverlässigkeit, im eigenen Unternehmen wie auch gegenüber fremden Auftraggebern. Weil er jeden behandelt wie einen hoch geschätzten Kunden. Seien es die Kollegen oder der Boss.

Kommentar vom Freiherrn von Knigge: «Sei streng, pünktlich, ordentlich, arbeitsam, fleißig in Deinem Berufe! ... Jedermann geht gern mit einem Menschen um und treibt Geschäfte mit ihm, wenn man sich auf seine Pünktlichkeit in Wort und Tat verlassen kann.»

Meckern gilt nicht

Meckern macht Spaß. Die Chefin ist blöd, der Kollege faul, der Betriebsrat inkompetent, die ganze Firma altmodisch. Und das Kantinenessen schmeckt auch nicht.

Wir alle meckern gern an anderen herum. Weil es den eigenen Frust abbaut. Den anderen schadet es nicht – sie hören ja nichts davon.

Tut mir Leid, das ist schlechtes Benehmen! Zumindest wenn es vom Spontanmosern zum Dauergespräch wird. Ihre Chefin überhäuft Sie mit Arbeit und macht ihren Favoriten das Leben leicht? Beschweren Sie sich beim Oberchef oder beim Betriebsrat. Der Kantinenkoch rührt nur Langweilersuppen an? Sprechen Sie mit ihm und machen Sie ihm Vorschläge für andere Rezepte. Also:

Tun Sie was, statt rumzumeckern. Nur Eigeninitiative hat in diesem Fall einen hohen Höflichkeitsfaktor – und einen «benefit»: die Chance auf ein besseres, einfacheres, gerechteres Zusammenleben im Beruf. Fürs Privatleben gilt das Gleiche.

Klatsch ist ein Vergnügen!

«Man» klatscht nicht über andere. In allen Benimmbüchern steht es, alle Etikettelehrer sagen es auf ihren Seminaren. Zu Recht! Aber:

Ohne Klatsch bliebe die Menschheit dumm, und jedem von uns entginge eine Menge Spaß bei der Neugierbefriedigung. Das Interesse an anderen ist der Klebstoff, der unsere Gesellschaft weiterbringt. Wie sollten wir je etwas Neues lernen, wenn wir uns das Verhalten des Nachbarn, Kollegen, Promis nicht genau anschauen und kritisch auseinander pflücken dürften?

Ich will wissen, wie andere mit der Liebe umgehen und wie ehrgeizig sie sind, ob sie an Weihnachten das Geschenkpapier aufheben oder wegschmeißen und warum die meisten Linksabbieger sich in Einbahnstraßen nicht links einordnen, wie ich es gelernt habe. Ich bin neugierig, halte das für eine lobenswerte Eigenschaft und rede deshalb mit meinen

Freunden und Kollegen gern über das Verhalten anderer. Das kann über Trudchen A. sein, die ihre Liebhaber wechselt wie andere die Farbpatronen im Drucker, oder über Egon B., der so viel Zeit mit Zeitunglesen verbringt, aber erstaunlich viele gute Ideen hat.

Dass Klatsch Spaß macht, beweisen TV-Serien wie «Big Brother», Boulevardzeitungen, Hunderte von Magazinen, die von der Berichterstattung über Prominente leben, und die täglichen Gespräche in Arbeitspausen, Kantinen und Restaurants. Er steigert den Lustquotienten durch das Gefühl der Überlegenheit (Wir sind die besseren Menschen!).

Klatsch schult außerdem unseren Verstand durch Vergleiche zwischen dem Verhalten der «anderen» und dem eigenen. Er liefert die Infos, die wir fürs Überleben und für den Erfolg brauchen. Vom Kindergarten-Talk über die «doofe» Erzieherin bis zum Seniorengespräch über den netten Arzt, der sich Zeit fürs Zuhören nimmt.

Können Sie ehrlich sagen: Ich klatsche nie!? Dann leben Sie wahrscheinlich als Einsiedler irgendwo im Wald. Oder kommen nie aus Ihrer Stadtwohnung heraus. Und selbst dann – ich wette darauf – machen Sie sich Gedanken über den einsamen Wanderer, der an Ihrer Hütte vorbeikommt, oder die Autofahrer und Fußgänger, die Sie von Ihrem Wohnzimmerfenster aus sehen. Sie klatschen mit sich selbst.

Menschen mit hohem Höflichkeitsfaktor geben das zumindest sich selbst gegenüber zu – und halten sich zurück. Sie klatschen, aber ohne Bosheit und Vorverurteilungen. Sie verteidigen, wo Klatsch zum Angriff ausartet, und warnen Betroffene. Und: Sie benützen beim Klatschen gehörte Verdächtigungen nie zu Intrigen.

Kommentar vom Freiherrn von Knigge: «Wenn Du in einer Gesellschaft von einem der Anwesenden mit Deinem Freunde reden willst (obgleich dies und das In-das-Ohr-Flüstern überhaupt unanständig ist), so gebrauche wenigstens die Vorsicht und Schonung, die Person, von welcher Du redest, nicht dabei anzusehn.»

Intrigen sind verboten! Immer!

Mein Lexikon definiert Intrigen als «hinterlistige Machenschaften». Es geht ums Sägen an fremden Stühlen und das Mobbing gegen unbequeme Kollegen. Natürlich kommt so etwas ständig vor, aber selbst erfolgreiche Intriganten brüsten sich nicht damit. Weil es ganz allgemein als abscheulich gilt. Anständige Menschen verleumden deshalb niemanden hinter seinem Rücken. Sie erfinden in Klatschrunden keine bösartigen Gerüchte. Sie bleiben höflich. Immer.

Kommentar vom Freiherrn von Knigge: «Es gibt Leute, die uns zu Vertraulichkeiten, zu gewissen Konfidenzen zu bewegen suchen, damit sie nachher Waffen gegen uns in Händen haben, womit sie uns drohen können, wenn wir ihnen nicht zu Gebote stehn wollen. Die Klugheit erfordert, davor auf seiner Hut zu sein.»

Wer ist mit dem Kaffeekochen dran?

Er schmeckt einfach besser als der aus dem Firmenautomaten, aber er liefert ständig Anlass zu Streit. Wer kocht Kaffee für alle? Wer kauft ihn ein? Wer spült die Tassen? Und wer hat schon wieder die Milch verbraucht?!

Höfliche Menschen sprechen sich mit den Kollegen ab, zum Beispiel nach dem System: diese Woche ich, nächste du. Und sie fragen, bevor sie an fremde Milch gehen!

Deutschland, eine Servicewüste?

Die Klagen über das mangelnde Servicebewusstsein der Deutschen sind leiser geworden, der Service nicht viel besser. Trotz Freundlichkeitskursen in der einen oder anderen Steuerbehörde. Trotz Serviceschulungen in Banken und Serviceansprachen in Supermärkten.

Sind wir unhöflicher als etwa Amerikaner, bei denen guter Service als selbstverständliche Dienstleistung gilt? Offensichtlich. Obwohl doch jeder intelligente Mensch einsehen müsste, dass Service nichts weiter ist als Höflichkeit gegenüber den Mitmenschen.

Service leiste ich, wenn ich Kunden-E-Mails genauso schnell beantworte wie die «Holst-du-mich-vom-Flughafen-ab?»-Nachricht des dienstreisenden Partners. Wenn der Kollege aus der Marketingabteilung nicht erst einen Monat vor dem Verkaufsstart über das neue Produkt informiert wird. Wenn Beschwerden als Anregung fürs Bessermachen verwendet werden. Wenn jedem Kunden mein Lächeln zusteht.

Guter Service sollte einen Höflichkeitsfaktor von null haben, also selbstverständlich sein. Da er ihn nicht hat, müssen Anständige versuchen, ihn auch auf diesem Sektor täglich zu erhöhen. Damit sie selbst Erfolg haben und andere ihnen nicht mit Klagen das Leben schwer machen.

Her mit dem Sündenbock!

Erfunden wurde er von den Ur-Israelis, während sie noch als Nomaden durch den Orient wanderten. Einmal im Jahr erlaubten die Priester dem Volk, alle Gemeinheiten der vergangenen Monate – durch göttliche Vermittlung – einem Ziegenbock aufzuladen. Dann wurde das arme Vieh in die Wüste getrieben, um dort durch Verdursten für die Sünden der Menschen zu büßen.

Der ist schuld. Nicht ich! Das sagen wir heute noch gern, wenn etwas schief gegangen ist. Ich habe mir alle Mühe gegeben! Ich kann nichts dafür.

Ziemlich gemein, sehr menschlich. Einzugestehen: «Ja, es war mein Fehler!», ist schwierig, obwohl es Ärger wirksam dämpft und viel schneller zu einer sachlichen Diskussion über die Fehlerbehebung führt als die Sündenbocksuche.

Da sich das noch nicht herumgesprochen hat, benützen wir alle gern Sündenböcke. Der Azubi ist schuld, die andere Abteilung, der kranke

Kollege. Oder ganz allgemein: der Stress, der Zeitdruck, die schlechte Klimaanlage, der Föhn, die Hitze, das miese Wetter. In Ordnung, solange wir nicht Menschen ungerechterweise schlecht machen. Dass Höfliche das nie tun, muss wohl nicht mehr betont werden, oder?

Firmenfeste und Betriebsausflüge

Die Devise aller Höflichen: Sei vorsichtig. Trink nicht zu viel. Schlag dich mit keinem Kollegen in die Büsche. Versuch nicht, Chef oder Chefin zu verführen!

Betriebsfeste und -ausflüge dienen der Kommunikationsverbesserung. Sagen die Managementgurus. Bei Bier, Wein und – hoffentlich! – guter Unterhaltung kommt man sich näher, kann interne Probleme oder Sitzungsstress ansprechen, Kollegen besser kennen lernen.

Stimmt. Wenn niemand sein Familienleid vor den Kollegen ausbreitet, kein Zuhörer sich aus Langeweile betrinkt. Wenn alle Männer die alkoholbedingte Lust aufs Busengrapschen unterdrücken, keine Frau auf dem Tisch tanzt oder dem Chef in die Arme fällt.

Alle Höflichen halten sich daher bei Geburtstagsfeiern im Büro, auf Betriebsfesten, gemeinsamen Ausflügen oder Survival-Trainings mit Kollegen in Bezug auf Klatsch, Alkoholkonsum und Anmache zurück. Bleiben Sie Gentleman oder Lady.

Kommentar vom Freiherr von Knigge: «Rede mit den Großen der Erde ohne Not nicht von Deinen häuslichen Umständen, von Dingen, die nur persönlich Dich und Deine Familie angehen. Klage ihnen nicht Dein Ungemach. Vertraue ihnen nicht den Kummer Deines Herzens. Sie fühlen ja doch kein warmes Interesse dabei, haben keinen Sinn für freundschaftliche Teilnahme; es macht ihnen Langeweile.»

Nur für Frauen: Tränen sind verboten!

Die moderne Berufswelt ist von Männern geschaffen worden. Hier gelten männliche Benehmensregeln. Und weil Männer auch heute noch nicht in der Öffentlichkeit weinen, dürfen es Frauen auch nicht. Erst recht nicht.

Weint ein Mann – der Politiker, der die Wahl verloren hat, der Star, weil er den Oscar bekam, der Angeklagte, um Reue zu zeigen, der Fußballer nach dem verpatzten Elfmeter –, dann ist das heute einigermaßen okay. Weint eine Frau, weil sie nicht befördert wurde, die vom Chef geäußerten Vorwürfe ungerecht findet oder der Stress überhand nimmt, dann gilt sie als schwach und – überempfindlich. Weil sie weiblich reagiert. Statt Mitleid erntet sie selbstgerechte Verachtung.

Traurig, aber wer die Macht hat, bestimmt die Etiketteregeln. Und im Beruf haben nun mal meist die Männer die Machtpositionen inne. Deshalb weinen Frauen nur auf dem Klo, schminken sich neu – und zeigen den Kollegen ein Lächeln. Kein tapferes, ein möglichst unbekümmertes! Nur so werden sie als gleichwertig anerkannt. Und je länger ich darüber nachdenke, umso mehr bin ich überzeugt:

Selbst in ausschließlich weiblich besetzten Büros ist tränenreiches Gejammere unhöflich. Vor allem als Entschuldigung für eigene Fehler, aber auch aus Enttäuschung über einen Fehlschlag in der Karriereplanung. Wer auf den Mitleidsfaktor spekuliert, kommt nicht weit – und hat einen niedrigen Höflichkeitsfaktor.

Firmentreue bis zur Rente!

Alle Personalchefs hoffen darauf, wissen aber, dass sie keine Firmentreue verlangen können. Heute weniger denn je. Auch wenn sie einen jungen Menschen ausgebildet oder einen älteren frisch geschult haben, müssen sie mit seiner Kündigung wegen eines besseren Angebots rechnen.

Das gilt heute nicht mehr als schlechtes Benehmen, sondern als kluge Karriereplanung – zumindest aus der Sicht des Kündigenden. Höfliche Chefs tragen es mit Fassung.

Das gilt aber auch umgekehrt.

Natürlich ist es bitter, wenn man sich plötzlich einen neuen Job suchen muss, obwohl man im alten gute Arbeit geleistet hat. Das Recht zur Kündigung steht aber jedem zu. Der Firma und dem Angestellten. Treue vom ersten Azubijahr bis ins Rentenalter ist nicht mehr Benimmpflicht, sondern die Ausnahme. Höfliche kämpfen deshalb um gute Abfindungen, notfalls vor Gericht. Sie jammern aber nicht über die Ungerechtigkeit des Marktes. Wer in jungen Jahren Jobhopping betreibt, um schnell Karriere zu machen, darf sich später über betriebsbedingte Kündigungen nicht beschweren.

Übrigens: Wollen Sie Ihren Job wechseln, genügt die schriftliche Kündigung Höflichen NICHT. Ein Gespräch mit dem Vorgesetzten ist Etikettepflicht. Im Brief reicht es mitzuteilen, dass Sie zu einem bestimmten Termin die Firma verlassen wollen. Ihr Chef hat jedoch das Höflichkeitsrecht auf eine Erklärung. Auch wenn Sie im Zorn gehen. Wie soll er aus seinen Fehlern lernen, wenn Sie selbst bei der Kündigung nicht den Mut zur offenen Aussprache aufbringen?

Verkaufen Sie sich gut?

Bei einer schriftlichen Bewerbung oder beim Vorstellungsgespräch denken die meisten noch dran: Hier muss ich mich gut verkaufen. Was dann oft vergessen wird: Eine gute Präsentation bleibt für jeden Tag eine Höflichkeitspflicht. Aus eigenem Interesse. Nur wer Kollegen und Chefs nicht auf die Nerven geht – durch schlampige Kleidung, Körpergeruch, beleidigende Äußerungen, unkorrekte Witze, Aufdringlichkeit –, wird nett behandelt und befördert.

Kommentar vom Freiherrn von Knigge: «Rede also nicht zu viel von Dir selber, außer in dem Zirkel Deiner vertrautesten Freunde … Bescheidenheit ist eine der liebenswürdigsten Eigenschaften und macht um so vorteilhaftere Eindrücke, je seltener diese Tugend in unsern Tagen wird. Sei also nicht so bereit, jedermann … Deine rühmlichen Handlungen zu erzählen. ... Auch drücke niemand durch Deinen Umgang, das heißt, zeige in keiner Gesellschaft ein solches Übergewicht, daß andre verstummen, sich in schlechtem Lichte zeigen müssen!»

Wenn Sie einen Vortrag halten

Im Gespräch sollten Sie es nicht tun: Vorträge halten. Höflich ist es, andere auch zu Wort kommen zu lassen, niemanden totzureden. Aber wenn man Sie ausdrücklich um eine Ansprache bittet, gibt es eine neue Etiketteregel:

Sag, was du zu sagen hast, mit Bildern!

Es gibt einige – wenige! – Redner, die können auch vor einer großen Zuhörerschaft so fesselnd erzählen, dass der Blick auf ihr Gesicht keine Müdigkeit aufkommen lässt. Die meisten Vortragenden haben diese Ausstrahlung nicht. Deshalb sollten sie sich an die Psychologenerkenntnis halten:

Neues müssen wir immer mit mindestens zwei Sinnen aufnehmen, um uns später daran erinnern zu können. Bei einem Vortrag sollten also Ohren und Augen angesprochen werden. Ziemlich langweilig finde ich es allerdings, wenn über Overheadprojektor oder PC-Projektion nur Auszüge aus dem Vortrag an die Wand geworfen werden. Oder Graphiken, die lange erklärt werden, obwohl sie jeder auf den ersten Blick begreift. Kernsätze oder die wichtigsten Zahlen im Bild erhöhen den Erinnerungswert bereits etwas. Noch besser: eine passende Karikatur, eine überraschende Illustration oder der witzige Kommentar eines Experten. Dadurch wird das Gesagte fest im Gedächtnis verankert – und aus langweiligen Vorträgen eine gute Unterhaltung für die Zuhörer. Deshalb hat die Beschäftigung von Ghostwritern einen hohen Höflichkeitsfaktor für alle, die keine geborenen Vortragskünstler sind oder zu wenig über Aufbau und Präsentation eines guten Vortrags wissen. Zuzugeben, dass man weniger weiß als ein Profi, ist höflich. Den Profi anstellen, damit er die eigene Leistung verbessert, zeigt Karriereintelligenz.

Lassen Sie mich ausreden!

Gepredigt wird das immer schon: «Man» unterbricht einen anderen nicht mitten im Satz. Man fällt ihm nicht ins Wort! Man lässt jeden ausreden – auch wenn man die Antwort auf eine Frage längst weiß, die Äußerungen langweilig findet oder einen witzigen Kommentar hat. Stimmt.

Es gehört sich wirklich nicht. Heute weniger denn je. Schon gar nicht für Vorgesetzte. Wer seine Macht ausspielt, indem er Untergebenen keine Zeit zur Beendigung ihrer Argumentation lässt, ist grob unhöflich. Er zeigt, dass er ein schlechter Chef ist, denn die guten nehmen sich die Zeit, um in Ruhe zuzuhören.

Macht macht Spaß!

Bundeskanzler Schröder soll schon als Jungabgeordneter nachts an den Türen des Kanzleramtes gerüttelt und gebrüllt haben: Ich will Kanzler werden! Viele kritisieren so etwas als übertriebenen Ehrgeiz, aber Mangel an Bescheidenheit ist okay, wenn das Machtbewusstsein nicht auf Kosten anderer ausgelebt wird.

Klar, bei jeder Karriere bleiben Enttäuschte auf der Strecke, die nicht mithalten konnten. Das ist normal und in Ordnung – solange nur das Machtstreben der Zurückgebliebenen verletzt wurde, nicht aber ihre Würde.

Lust an der Macht ist etikettegerecht. Für Frauen wie für Männer. Erst bei ihrer Ausübung unterscheiden sich Höfliche von Trampeln. Durch Rücksichtnahme auf die Untergeordneten. Und durch Bescheidenheit. Wer alle Privilegien seiner Macht ausreizt, als Minister die Flugbereitschaft für Privatreisen nützt, als Firmenboss einen eigenen Fahrstuhl fordert oder das Geschenk für die Geliebte von der Sekretärin besorgen lässt und von der Steuer abschreibt, der beweist nicht nur Unhöflichkeit, sondern auch einen miesen Charakter.

Wie zieht man sich «passend» an?

In Bezug auf die Kleidung im Beruf gibt es keine generellen Etiketteregeln mehr. Bei IBM war für die Männer jahrzehntelang ein blauer Anzug mit weißem Hemd Vorschrift, in Internetfirmen Jeans, T-Shirt und Turnschuhe.

Kluge und höfliche Angestellte richten sich nach dem Unternehmens-Image. Sie kleiden sich «korrekt», wo das von oben gewünscht wird, und lässig, wo Anzug und Karrierekostüm auffallen würden.

Das wird oft als «Gruppenzwang» verunglimpft. Ist es auch. Niemand wird jedoch gezwungen, in einer Firma anzufangen, deren Kleidungsstil ihm nicht gefällt. Jeder Kochazubi weiß schon bei der Bewerbung, dass er sein Leben lang weiße Jacken und schwarzweiß karierte Hosen tragen wird. Jede Vorstandsassistentin kennt vor der Vertragsunterzeichnung den Stil des Hauses, in das sie eintritt – und richtet sich danach. Aus Höflichkeit? In diesem Fall nicht, sondern aus der klaren Erkenntnis heraus: Wer sich nicht an den hausinternen Kleidungsstil anpasst, hat keine Chance auf Akzeptanz. Auf Karriere erst recht nicht. Es sei denn, er ist ein Genie, dessen Superideen dringend gebraucht werden. Aber wer ist das schon.

Krankheit? Im Büro kein Thema!

Selbstverständlich fühlen wir uns alle mal krank oder schlecht drauf. Gerade deswegen ist Krankheit kein Gesprächsthema für den Klatsch am Kaffeeautomaten oder in der Kantine. Die Unpässlichkeit der Kollegen aus Höflichkeit nicht, die eigene ebenso wenig, weil sie andere langweilt.

Das gilt nicht nur für Husten, Heuschnupfen und Rückenbeschwerden, sondern auch für schwere Leiden. Hier sollte die Krankschreibung direkt mit dem Chef besprochen werden, und zwar möglichst rechtzeitig, wenn eine Operation bevorsteht, und möglichst schnell, wenn man spontan krank wurde.

Mitleid mit dem Kranken? Immer, aber höfliche Kranke denken daran: Diese Zuwendung ist eine begrenzte Ressource. Wer sie täglich ausnützt, besonders um sich damit um lästige Arbeiten zu drücken, erntet Zorn statt Freundlichkeit.

Kommentar vom Freiherrn von Knigge: «Fehlt Dir etwas, hast Du Kummer, Unglück, leidest Du Mangel, reichen Vernunft, Grundsätze und guter Wille nicht zu, so klage Dein Leid, Deine Schwäche niemand als dem, der helfen kann, selbst Deinem treuen Weibe nicht! Wenige helfen tragen; fast alle erschweren die Bürde; ja! sehr viele treten einen Schritt zurück, sobald sie sehen, daß Dich das Glück nicht anlächelt.»

Haben Sie eine Visitenkarte?

In Asien ist das großzügige Austauschen von Visitenkarten Höflichkeitspflicht. Jeder, auch der zufällige Gesprächsteilnehmer, bekommt eine. Vielleicht braucht man ja eines Tages den Kontakt zu ihm. In Europa ist man damit noch zurückhaltender, dummerweise. Eine informative Visitenkarte ist Gold wert. Dafür reicht es allerdings nicht, wenn nur Name, Firma und Adresse draufstehen.

Gut gemachte Visitenkarten verraten mehr über den Geber, zum Beispiel über sein Arbeitsgebiet und seine Funktion im Unternehmen. Was nützt ein Titel, wenn er nichts darüber aussagt, womit sich der Titelträger den ganzen Tag beschaftigt? Nichts. Genauso wenig wie ein Firmenname, unter dem sich ein Außenstehender nichts vorstellen kann. Gerade bei Start-up-Unternehmen ist das sinnvoll und höflich, denn der Name hat oft wenig mit der angebotenen Dienstleistung zu tun.

Visitenkarten fürs Ausland sollten 1. immer die deutsche Vorwahl vor der Telefon- oder Faxnummer zeigen und 2. eventuell vorhandene Titel und Funktionen im international üblichen Business-Englisch angeben. In asiatischen oder arabischen Ländern wird es als höflich empfunden, wenn man Visitenkarten in der Landessprache verteilt.

Und im Privatleben? Früher galt es als vornehm, wenn private Visitenkarten nur den Namen enthielten – keine Titel, auch keine beruflichen, nicht einmal die Adresse. Und wenn man so etwas Schlichtes nicht hatte, strich «man» als feiner Mensch den Titel vor der Weitergabe der Karte durch.

Vorbei. Heute steht selbstverständlich die Adresse auf der Visitenkarte – mit Telefonnummer und, wenn vorhanden, Handy- und E-Mail-Nummer. Wie soll der neu gewonnene Bekannte sonst Kontakt aufnehmen? Berufliche Titel auf der Visitenkarte sind kein Verstoß gegen die Etikette mehr!

Für beruflich wie privat verwendete Visitenkarten gilt: Je übersichtlicher, umso besser. Ich habe zum Beispiel auf einer Seite meinen Namen mit dem Titel Freifrau (schließlich ist er offiziell Teil meines Namens) plus Adresse, Telefon-, Fax- und E-Mail-Nummer, dazu die Adressen meiner beiden Web-Sites. Auf der anderen Seite steht mein Name ohne Titel und dazu meine wichtigsten Arbeitsgebiete. So wissen die Empfänger gleich alles über mich, was für einen potenziellen Auftraggeber wichtig ist.

Das ist der Sinn der modernen Visitenkarte.

Telefon, Handy @ Internet

PC-Virus verschicken	Liebe per E-Mail	Vor Viren warnen
minus 100	Höflichkeitsfaktor normal	plus 100

Ruf mich bloß nicht am Sonntagmorgen an!

Wie bringt man den besten Freund oder die netteste Freundin am schnellsten auf die Palme? Man klingelt ihn oder sie am Sonntagmorgen aus dem Bett. Natürlich sind nicht alle Menschen Spätaufsteher. Generell gilt aber die alte Sonntagsregel: nie vor 11 Uhr vormittags.

Einst machten feine Leute ab dieser Uhrzeit ihre Höflichkeitsbesuche. Selbst uneingeladen durfte man vorbeischauen – um seine Visitenkarte bei Hausmädchen oder Butler abzugeben und wieder zu gehen, wenn die Besuchten keine Zeit oder Lust zum Gespräch hatten.

Heute gibt's stattdessen die Telefonier-später-Regel: Wenn du nicht sicher bist, dass der Anzurufende zu den Frühaufstehern gehört – lass ihm Zeit zum Aufwachen. Sonntagmorgen sind für Langschläfer die schönste Zeit der Woche! Wer sie stört, riskiert die Freundschaft.

Muss nach 22 Uhr das Handy klingeln? Besser nicht!

«Ich liebe dich!» Das klingt selbst dann gut, wenn man schon am Einschlafen war. Vom Lover ist der Nachtanruf willkommen, aber: «Könnten wir morgen noch mal über unsere nächsten Projekte reden?», will niemand am Abend hören.

Außer unter Freunden sind Anrufe nach 22 Uhr nicht nett, sondern Stress. Dass der Anrufer gerade einen guten Film gesehen hat, über sein verlottertes Liebesleben reden will oder von der neuen Freundin schwärmen, ist kein Grund. Nicht alle Menschen gehen gern spät ins Bett, und Frühschläfer hassen es, wenn sie aus der Badewanne ans Telefon stürzen oder im gerade ausgezogenen Kleiderhaufen nach dem Handy wühlen müssen.

Wer's gar nicht lassen kann, weil er selbst abends erst richtig wach wird, sollte zumindest fragen: Stör ich? Und wenn die höfliche Ja-Antwort zögerlich kommt, sich das nächste Mal bremsen und früher anrufen.

Einfach nicht drangehen!

Im Zeitalter der Mailboxen, Anrufbeantworter und SMS gibt es endlich das perfekte Rezept gegen Telefonstress: Klingeln lassen! Nicht drangehen! Wer nicht gestört werden will, braucht sich nicht stören zu lassen. Höfliche Menschen rufen aber zurück, sobald sie können.

Sprich doch deutlicher!

Nuschelnuschelnuschel. Der Name ein Blabla, die angegebene Nummer versackt im Hintergrundrauschen – nichts ist stressiger für beide Beteiligten als eine Nachricht auf Mailbox oder Anrufbeantworter, die der Angerufene nicht versteht. Er weiß nicht, wen oder wo er zurückrufen soll. Der Anrufer ärgert sich, dass er keinen Rückruf bekommt.

Die Lösung ist klar: 1. Langsam und deutlich sprechen, wenn Anrufbeantworter oder Mailbox dran sind. 2. Namen und Telefonnummer angeben. 2. Telefonnummer wiederholen! 3. Kurz und klar den Zweck des Anrufes angeben.

Selbstverständlichkeiten? Natürlich, aber ich weiß aus eigener Erfahrung: Mindestens ein Drittel aller Anrufer missachtet den Höflichkeitsfaktor, der hier gleichzeitig ein Erfolgsfaktor ist, und nuschelt wie zahnlose Greise. Schade.

Bitte lächeln!

Warum haben sich Videotelefone nicht so durchgesetzt wie Handys? Weil wir beim Telefonieren auch mal in der Nase bohren wollen. Sagen Boshafte. Das muss ja nicht sein, aber beobachten lassen wollen wir uns von den meisten Anrufern nicht dabei, wie unsere Gesichtszüge echte Gefühle zeigen statt der gesellschaftsfähigen Gesprächsmaske. Trotzdem:

Wer auch beim Telefonieren so freundlich lächelt, als ob er dem anderen gegenübersäße, hat mehr Erfolg. Weil sich das Lächeln auch in der Stimme spiegelt. Probieren Sie es aus. Beim eigenen Anrufbeantworter: Wer ihn mit Freude bespricht, lächelnd und neugierig auf Anrufe, klingt weit einladender als jene, die ihre Ansage als lästiges Pflichtprogramm betrachten. Und bitte:

Fassen Sie sich beim Aufnehmen Ihrer Anrufbeantworter-Message kurz! Name, Telefonnummer und falls nötig das berufliche Angebot in ein bis zwei freundlich formulierten Sätzen sind genug! Lassen Sie NICHT erst Ihr Kind singen. Spielen Sie NICHT Ihren Lieblingssong aufs Band! Erzählen Sie KEINE Witze! Telefonieren kostet Geld und Zeit. Es reicht, dass wir oft genug in den «Bitte warten»-Schleifen der Call-Center hängen bleiben. Von Anrufbeantwortern können wir mehr verlangen: Klarheit, Knappheit und Freundlichkeit.

Lernen Sie erst mal telefonieren

Ja, es gibt auch dafür Kurse. Für Telefonmarketing- und Call-Center-Mitarbeiter sowieso, aber schaden könnten sie auch vielen Normalmenschen nicht. Weil sie dabei zwei Dinge mit hohem Höflichkeitsfaktor lernen würden: vorher nachdenken, was sie eigentlich sagen wollen – und aufhören, wenn gesagt ist, was gesagt werden sollte.

Natürlich gilt das nicht für die wunderbar langen und ausschweifenden Gespräche, die Freunde (besonders Freundinnen) am Telefon führen. Bei ihnen sind Handy oder Telefon nur der Ersatz fürs intime

Gespräch, und deshalb können sie dauern, bis die Spaghetti auf dem Herd zum Mehlklumpen verschmort sind und die Wohnung voll Rauch ist.

Wer irgendwo anruft, um etwas zu erfahren oder mitzuteilen, wird zum Feind, wenn er labert. Vorher das Gesprächsprogramm festzulegen, Punkt für Punkt abzuhaken und sich dann, mit Dank, zu verabschieden – das ist Höflichkeit heute!

Und überall klingeln die Handys

Muss ich es noch sagen? Leider ja. Also: Es ist extrem unhöflich, das Handy oder den Piepser ständig angeschaltet zu lassen. In Kneipe und Restaurant, beim Pop- wie beim Klassik-Konzert, beim Arzt und in der Geschäftsbesprechung. Wenn Sie einen wirklich dringenden Anruf erwarten – sagen Sie's Ihren Gesprächspartnern vorher. Und machen Sie's dann kurz.

Wir haben uns daran gewöhnt, auf Flughäfen, Bahnhöfen und überall in der Stadt Fetzen von fremden Privatgesprächen mitzubekommen – meist banalen wie «Ja, ich mach mich jetzt auf den Weg nach Hause» oder «Erinnern Sie doch Kollegen X daran, dass wir uns um 2 Uhr treffen!». Das nehmen wir heute hin wie das Röhren eines Jumbojets. Höfliche verdonnern ihre Handys zum Schweigen, wenn die anderen zuhören. Immer! Auch beim Familienabendessen oder dem gemeinsamen «Wer wird Millionär»-Gucken mit Freunden!

E-Mails nicht gleich abschicken!

Wer sie einmal hat, kann sich gar nicht mehr vorstellen, wie er ohne ausgekommen ist: E-Mails sparen nicht nur Zeit. Sie machen auch Spaß. Nicht nur weil sie schnell beim Adressaten sind, sondern weil sie den direkten Kontakt ersparen. Ich kann erzählen, ohne dass mich jemand unterbricht, dumme Antworten gibt oder Erklärungen fordert. Zumindest erst mal.

Das verführt zur Unhöflichkeit, denn ich kann schimpfen, fluchen und aggressiv sein. Ein Klick auf «Senden», und mein Zorn ist beim Empfänger. Höfliche Menschen holen vorm Abschicken tief Atem – und lesen ihre E-Mail nochmal durch. Langsam. Und denken darüber nach, ob der Empfänger sie auch richtig verstehen kann. Und sie gucken nach Tippfehlern, weil diese in E-Mails ein ebenso schlechtes Bild vom Absender zeichnen wie auf Papier.

Darf man sich elektronisch entschuldigen?

Amerikaner tun's im Allgemeinen nicht, obwohl sie doch die globalen E-Mail-Vorreiter sind. 85 Prozent sagen in Umfragen: Nein, nach einem Krach mit Geliebtem oder Geliebter darf ich mich nicht per Mail entschuldigen. Das geht nur im direkten Gespräch, und sei es am Telefon. Auch die Diskussion, wie es denn nun weitergehen soll nach dem Streit, darf nicht gemailt werden.

Outdated. Auf Deutsch altmodisch. Ich finde: Je schneller ich mich nach einem Streit entschuldige, umso besser. Wenn ich meine Entschuldigung gemailt und damit erst mal Salbe auf die Psychowunden des Partners geschmiert habe, kann ich immer noch per Telefon weitere Wiedergutmachungsmaßnahmen einleiten. Mit ihm elektronisch über unsere Beziehung zu reden, finde ich besonders praktisch. Brüllen oder zurückkläffen ist nicht möglich. Jeder hat Zeit, den Text des anderen genau zu lesen – und seine Antwort in Ruhe zu überlegen. Wenn er will.

Okay, Beleidigungen wirken Schwarz auf elektronischem Weiß manchmal schlimmer als im Zorn ausgesprochen, aber man kann sie beim Überlesen wieder herausstreichen oder besänftigen. So oder so:

Gemailte Beziehungsgespräche sind absolut in Ordnung!

Bei einem Todesfall den Betroffenen per E-Mail kondolieren? Das halte ich wie 84 Prozent der Amerikaner für nicht sehr höflich. Ich mache es nicht mehr kniggegemäß per Hand auf einem schwarz umrandeten

Briefbogen, weil meine Handschrift schlecht lesbar ist und Trauerrandbriefe scheußlich aussehen. Aber ich kondoliere auf Papier. Noch. In wenigen Jahren wird auch hier Ehrlichkeit wichtiger sein als Benimmregeln. Es wird sich herumsprechen:

Nicht auf das Medium kommt es an und nicht auf die Art der Briefverschickung, nur auf den Inhalt.

Flame-Mails machen Spaß

Chat-Rooms und interkommunikative Websites fordern es heraus: Tu dir keinen Zwang an. Schreib, was du denkst. Ich gebe zu: Mal ungehemmt loszupöbeln, wenn ich auf eine Naziseite stoße, wieder nicht im Preisausschreiben gewonnen habe, irgendwo etwas über das angeblich so schlechte Benehmen der heutigen Jugend lese – das macht Spaß. Und erleichtert. Denen hab ich's aber gezeigt!

Höfliche Menschen tun das nicht. Sie verschicken keine «Flame-Mails», sondern antworten auf Provokationen mit sachlichen Argumenten statt mit «flammenden» Hassbriefen. Auch wenn's langweiliger klingt und schwer fällt.

Darf man in E-Mails und SMS alles klein schreiben?

Warum nicht? Ich mach es seit Jahren. Weil ich die deutsche Rechtschreibregelungen saublöd finde und weil ich dann schneller tippen kann. Hier gilt wie bei allen Etikettefragen: *Form follows function.* Nur die inneren Werte sind wichtig. Besonders in diesem Fall, wo die Groß-/Kleinschreibung des Deutschen durch zaghafte Regierungskommissionen festgelegt wurde und nicht durch demokratische Abstimmung.

Ja, ich gebe es zu: Papierbriefe schreibe ich nach wie vor orthographisch richtig. Purer Egoismus. Ich will nicht, dass mich die Briefempfänger für dumm halten. Aber E-Mails – natürlich auch SMS – sind etwas Neues. Da darf jeder selbst entscheiden, wie er schreiben will. Konservativ groß/klein oder global-trendy alles klein. Ich bin für die zweite Möglichkeit. Radikal.

Übrigens: Radikale Großschreibung gilt bei E-Mails als kindliche Angeberei, im Internet als Pöbelei. «It's SHOUTING», sagen die Vielsurfer und verachten die Brüller.

E-Mails an alle

Eine Seuche des Internet-Zeitalters: Immer mehr Menschen meinen, sie müssten ihre klugen Gedanken nicht nur einem, sondern allen ihren Bekannten mitteilen. Einmal auf die cc-Liste geklickt, und 100 Mails sind verschickt. Das ist in Ordnung, wenn's eine Viruswarnung ist, aber nicht jeder Ideenfurz eines Vorgesetzten muss von der ganzen Firma zur Kenntnis genommen werden. Nicht jeder Weisheitsspruch, den man vom Dalai Lama hörte, ist für alle Empfänger interessant. Zumindest hier ist Sparsamkeit eine Tugend mit einem hohen Höflichkeitsfaktor.

Theoretisch selbstverständlich, praktisch oft missachtet ist die Regel: Persönliche E-Mails dürfen an Dritte nur weitergegeben werden, wenn der Sender vorher um Erlaubnis gefragt wurde und zugestimmt hat. Trotzdem gilt sie unumschränkt.

Nettiquette im Cyberspace

Die Einzelheiten schauen Sie sich bitte selbst an. Sie finden sie unter «help» oder «readme» bei verschiedenen Chat-Rooms oder indem Sie einen Suchdienst mit «Nettiquette» beschäftigen (yahoo.com liefert über 1700 Einträge!). Wenn Sie sich die Mühe des Lesens machen, stellen Sie schnell fest: Es geht immer um (eigentlich) selbstverständliche Höflichkeiten: Nerv niemanden mit Anfängerfragen! Dafür gibt's überall FAQ-

Links mit den «frequently asked questions». Pöble nicht rum! Fass dich kurz!

Und zum eigenen Schutz: Denk beim Schreiben dran, dass auch E-Mails nicht im Cyberspace verschwinden, sondern oft für lange Dauer gespeichert werden. Wer heute auf andere flucht, kann übermorgen dafür angeklagt werden!

Achtung! Virus!

Ich habe Verständnis für Hacker, die sich in die Computer des amerikanischen CIA einschleichen und den Spionen eine freche Nachricht hinterlassen. Selbst über den Witzvirus konnte ich lachen, der eine Zeit lang in jeder von mir verschickten E-Mail auftauchte und meldete: «Schreib nich so'n Quatsch!»

Einen Höflichkeitsfaktor minus 100 hat, wer übers Internet Viren verschickt, die ganze Festplatten in die Hölle schicken. Wer beweisen will, wie gut er als Programmierer ist, sollte doch wohl andere Möglichkeiten finden, um auf sich aufmerksam zu machen.

Natürlich ist es auch Terror, wenn die Internet-Gemeinde mit Tausenden von E-Mails gegen das schlechte Benehmen einer Firma protestiert und damit ihren Server lahm legt. Das aber kann berechtigt sein und einem guten Zweck dienen, etwa dass das Unternehmen in Zukunft mehr Rücksicht auf seine Kunden, die Umwelt oder seine Aktienkurse nimmt.

Wer tödliche Computerviren verschickt, ist kein Held, sondern ein Verbrecher. Und sosehr ich normalerweise E-Mail-Rundschreiben an Hunderte von Adressen hasse: Eine Virenwarnung hat den Höflichkeitsfaktor plus 100.

Übrigens: Höfliche verschicken bei solchen Warnungen nicht auch noch ihre ganze Adressenliste mit (die längste, die ich bisher bekam, umfasste über 400 Adressaten!). Weil nicht jeder seine E-Mail-Adresse allen bekannt geben will und weil die Fremdadressen für den Einzelempfänger uninteressant sind – außer er will sie für seine eigene Werbung missbrauchen.

Party, Party!

Krach bis es hell wird	Krach nur bis Mitternacht	Nachbarn einladen
minus 100	Höflichkeitsfaktor normal	plus 100

Das Dankeschön für den Gastgeber

Es gehört sich so! Bringen Sie eine Kleinigkeit mit, wenn Sie eingeladen werden. Als Dank für den Gastgeber. Wirklich Höfliche schicken einen Blumenstrauß vorher – nicht hinterher, wie oft behauptet wird. Dann steht man ohne etwas vorm Gastgeber und muss ihm sagen: Die Blumen kommen noch! Irgendwie doof.

Wer Blumen mitbringt, packt sie natürlich vorm Überreichen aus (außer sie stecken in Klarsichtfolie). Und was macht man mit dem Papier? Man hofft darauf, dass der Gastgeber es einem abnimmt. Das ist seine Höflichkeitspflicht.

Ich finde: Für Gastgeber sind Blumensträuße eher lästig. Sie müssen nach einer Vase suchen, die Stiele zumindest am nächsten Morgen anschneiden, sich kümmern. Wozu? Schenken Sie stattdessen Bücher, CDs oder etwas Originelleres: Töpfe mit Kräutern zum Beispiel; ein Foto vom letzten Fest, auf dem Sie und der Gastgeber zu sehen sind; einen witzigen Schlüsselanhänger oder einen besonders praktischen Korkenzieher. Auf jeden Fall etwas, das zeigt: Ich habe mir Gedanken gemacht, weil ich mich über die Einladung freue!

Kommentar vom Freiherrn von Knigge: «Es gibt aber auch Menschen, die einen so gewaltig hohen Wert auf die Gastfreundschaft setzen, welche sie uns erweisen, daß sie dafür gelobt, geschmeichelt, bedient, häufig besucht, und wer weiß was sonst alles sein wollen. Das ist nun freilich nicht billig … Ich halte wahrhaftig meine Gesellschaft und meine verlorne Zeit ebenso teuer als Ihro Hochmögenden Dero Pasteten und Braten.»

Feiert mit uns!

Banal, aber unumgänglich: Wer kein Haus in der Wald-und-Wiesen-Einsamkeit besitzt, muss vor einem Fest mit vielen Freunden den Nachbarn Bescheid sagen und sie um Verständnis bitten. Feiern macht nun mal Krach – von der Anfahrt der Gäste über den alle Mauern durchdringenden Beat der Discomusik, die mit steigendem Alkoholpegel lauter werdenden Gespräche bis zur nächtlichen Verabschiedung vor der Haustür. Ein Miniblumenstrauß vorher, die Einladung zum Mitfeiern oder zumindest ein Aushang im Treppenhaus mit einer Vorab-Entschuldigung besänftigen Nachbargemüter. Und wenn doch einer die Polizei wegen nächtlicher Ruhestörung anruft? Freundlich bleiben! Und der Aufforderung der müden Beamten zur Phonsenkung gehorchen!

Komm doch zum Essen zu mir

Kommt der Freund auf ein Bier, die Freundin zum gemeinsamen Kochen, ist eine schriftliche Einladung natürlich überflüssig. Bei allen etwas größeren Festen, also über sechs Personen, ist eine E-Mail, ein Fax oder eine Karte Höflichkeitspflicht. Mit einer kurzen Angabe, worum's geht.

Ja, es ist höflich, dazuzusagen, ob der Geburtstag des Gastgebers gefeiert wird, seine Beförderung oder einfach nur ein guter Tag. Auch wenn sich die Eingeladenen dann Gedanken über ein Geschenk machen müssen. Schließlich mag es kaum ein Gast, wenn er als Einziger nichts vom Festanlass wusste und ohne ein passendes Mitbringsel dasteht.

Lasst die Fremden mitreden

Gut, wenn es um ein größeres Essen geht, wird auch derjenige in die Unterhaltung mit einbezogen, den vorher keiner der Eingeladenen kannte. Schließlich sind Gespräche mit dem Tischnachbarn Höflichkeitspflicht.

Schwieriger ist es bei Events, bei denen sich nur manche kennen, viele aber nicht wegen ihrer Freundschaft zum Gastgeber eingeladen wurden, sondern aus Prestigegründen. Small-Talk-Meistern macht das keine Probleme. Sie sprechen auch den Zurückhaltendsten an, wenn er sie interessiert. Mit Neugierfragen. Was er denn von der Veranstaltung hält, zum Beispiel, was ihn hergeführt hat, woher er den Gastgeber kennt. Ungeübtere nehmen sich einen Gesprächspartner mit. Dennoch gibt es auf jedem Fest Menschen, die niemanden kennen.

Auf Privatfesten müssen die Gastgeber dafür sorgen, dass auch sie ins Gespräch mit einbezogen werden. Bei Konferenzen, Workshops, Promi-Festen oder PR-Events ist zumindest der erste Schritt auf andere zu die Pflicht des Gastes. Und die Pflicht der Angesprochenen ist es, sie in ihren Kreis aufzunehmen. Zumindest eine Zeit lang.

Im Norden Deutschlands hat sich das noch nicht herumgesprochen. Dort belegt man einen Tisch für vier, auch wenn man selbst nur zu zweit ist, und sagt demjenigen, der höflich fragt, ob er sich dazusetzen darf, abwehrend: «Nein, wir warten noch auf Freunde.» Oder man lässt ihn Platz nehmen, antwortet aber auf seine Gesprächsanfänge nur einsilbig.

Ich finde: Gäste haben auch untereinander Pflichten. Damit alle ein Fest genießen können, beziehen Höfliche Einzelgänger mit in ihr Gespräch ein. Wenn es tatsächlich, wie Hamburger sagen, «Nervbüttel» sind, kann man immer noch mit einer kleinen Entschuldigung weiterziehen.

Kommentar vom Freiherrn von Knigge: «Freilich kann nichts ungesitteter, den wahren Begriffen einer feinen Lebensart mehr entgegen sein, als wenn eine Anzahl Menschen einem Fremden, der gutmütig unter sie tritt, um an den Freuden der Geselligkeit teilzunehmen, durch ununterbrochene Lenkung des Gesprächs auf Gegenstände, wovon dieser gar nichts versteht, jeden Genuß der Unterredung zu rauben.»

Und an die Adresse des Gastes: «Interessiere Dich für andre, wenn Du willst, daß andre sich für Dich interessieren sollen! Wer unanteilnehmend, ohne Sinn für Freundschaft, Wohlwollen und Liebe, nur sich selber lebt, der bleibt verlassen, wenn er sich nach fremdem Beistand sehnt.»

Alkohol bis zum Abwinken

Selbstverständlich möchten alle Gastgeber ihre Gäste glücklich machen. Besonders im privaten Kreis. Das heißt aber nicht, dass Alkohol in unbegrenzten Mengen bereitstehen muss. Bis Mitternacht sollte er schon reichen, aber wenn die Einladenden feststellen, dass das Fest in ein Besäufnis ausartet, ist es höflicher, den Nachschub versiegen zu lassen, als immer weiter nachzuschenken. Apropos: Sie selber bleiben als Gastgeber natürlich nüchtern.

Wann ist es Zeit zu gehen?

Höfliche Gäste bleiben nur dann bis zum Sonnenaufgang bei einer Party, wenn sie sehen, dass die Gastgeber noch ebenso munter sind wie sie selbst – und ebenso gut aufgelegt. Generell liegt die höfliche Abschiedszeit bei einem Essen eine Stunde nach dem Dessert, bei einer Tanz- und Plauderparty zwischen Mitternacht und eins. Für Erwachsene. Da die Jungen sich frühestens um halb elf zu ihren Partys treffen, feiern sie auch länger – und ungehemmter von Höflichkeitsregeln sowieso.

Schön war's!

Perfektes Benehmen zeigt, wer sich nicht nur zum Abschied bei den Gastgebern bedankt, sondern am nächsten Morgen noch eine Dankeschön-Mail schickt, eine SMS, ein Fax oder einen kurzen Brief – «Schön war's bei dir! Danke!» reicht. Oder bei weniger Vertrautheit: «Herzlichen Dank für einen schönen Abend.»

Jetzt ist der andere dran

Muss auf eine Einladung immer eine Gegeneinladung folgen nach dem Motto: Trinkst du meinen Prosecco, will ich deinen Sekt probieren? Nicht unbedingt. Gastfreundschaft gilt auch heute noch als kostenloses Geschenk an den Gast. Er muss es nicht durch eigene Einladungen ausgleichen, aber:

Höflichkeit ist das Gewicht, das die Waagschalen des Gebens und Nehmens ausgleicht. Lässt sich jemand ständig zum Essen einladen, ohne selbst mal einzukaufen und zu kochen, verdirbt das auf Dauer die beste Freundschaft – außer er bezahlt mit Wissen, Witz, Freundlichkeit oder Hilfsbereitschaft, wann immer der Einladende ihn braucht. Hauptsache, das Gleichgewicht bleibt gewahrt.

Keine Lust aufs Fest?

Dann sagen Sie ab. Rechtzeitig! Das heißt: möglichst eine Woche, spätestens am Tag vorher. Das gilt bei privaten Partys ebenso wie bei Events in der Öffentlichkeit. Die Gastgeber haben sonst schon alles für feines Fingerfood oder Würstchen mit Kartoffelsalat eingekauft, die Weinflaschen für ihre Gäste gezählt und die Biergläser geputzt.

Lügen Sie ruhig, wenn Sie nichts weiter von der Party abhält als Lustlosigkeit, denn das ist nach wie vor keine brauchbare Entschuldigung. Der Hinweis auf langfristig festgelegte Termine wirkt immer glaubwürdig, der auf Gesundheitsstörungen auch.

Übrigens: Höfliche Gastgeber legen schriftlichen Einladungen einen Faxbogen oder eine Karte bei, auf denen die potenziellen Gäste ankreuzen können:

«Ich komme», «Ich komme nicht». «Ja» und «Nein» genügen auch. Das ist für alle Beteiligten am bequemsten. Formulierungen wie «Ich komme gern» oder «Ich kann leider nicht kommen» halte ich für unhöflich. Woher will der Gastgeber wissen, ob ich wirklich «gern» bei ihm wäre oder meine Absage tatsächlich bedaure?

Bergsteigen, Golf, Fußball und andere Sportfragen

Leichtsinn	Rücksicht auf Schwächere	Trost für Verlierer
minus 100	Höflichkeitsfaktor normal	plus 100

Mit Sandalen aufs Matterhorn

Jeder darf sich selbst in Gefahr bringen. Richtig? Wenn das so ist, dann spricht nichts dagegen, dass Ungeübte in Sandalen auf Bergtour gehen. Brechen sie sich beim Klettern über Fels und Stein die Knochen oder stürzen ab, ist es die Pflicht der Bergwacht, sie zu retten. Die Arztkosten bezahlt die Krankenkasse.

Gut so? Nein. Die ungenügende Vorbereitung auf sportliche Aktivitäten ist eine schwere Unhöflichkeit. Wer ohne angemessene Kleidung in Bergen klettert, trotz Lawinenwarnung im Tiefschnee Ski fährt und verschüttet wird oder ohne Rücksicht auf Wetter und Flut durchs Watt wandert und unter Lebensgefahr für die Retter gesucht und abtransportiert werden muss, der sollte alle Kosten für seine Rettung selbst tragen müssen. Das ist nicht nur eine Strafe für seine Dummheit, sondern dient auch als Abschreckung für andere Unhöflichkeitsmenschen!

Unsportlich? Tun Sie so als ob …

Sportliche Typen gelten als beherrscht, selbstsicher und arbeitsam. Der Sofamensch wird als eher unglücklich, kontaktscheu und nicht sehr intelligent empfunden. Zumindest bekamen kanadische Sportpsychologen solche Aussagen bei einer Umfrage über das Image der Aktiven. Sie stellten außerdem fest: Wer beim ersten Kennenlernen beiläufig ins

Gespräch einfließen lässt, er treibe regelmäßig Sport, gilt mehr als jene, die mit dem britischen Premier Churchill behaupten: Sport ist Mord.

Höfliche Menschen sind natürlich ehrlich. Sie legen sich keine Eigenschaften zu, die sie nicht haben. Sie lügen nicht bei der Frage nach regelmäßigem Jogging oder Besuchen im Fitnessclub. Oder?

Falsch. Höfliche balancieren geschickt auf dem dünnen Schwebebalken zwischen guter Selbstdarstellung und schädlichen Schwindeleien. Sie deuten an, aber lassen sich nicht beim Lügen erwischen. Das verlangt die Höflichkeit dem eigenen Erfolg gegenüber. Und solange es keinem anderen schadet …

Jeans auf dem Golfplatz?

Dresscodes gibt es für viele Sportarten. Reiter kommen nicht im roten Jackett in die Dressurhalle, sondern tragen Schwarz. Segler gehen in erster Linie in Weiß und Blau aufs Boot. Und Golfer ziehen sich adrett an. Keine Jeans, keine T-Shirts, sondern Hemden, Blusen oder Polo-Shirts und Golf- oder andere «anständige» Hosen. So war es bisher, und die meisten richten sich danach. Unter anderem, weil sie sonst in viele Clubs gar nicht aufgenommen werden.

Trotzdem: Solche «Vorschriften» wirken veraltet. Seit Golf auch auf alten Schuttplätzen und auf der Straße gespielt wird, Reiten (zumindest unter jungen Mädchen) zum Massensport wurde und Segeln nicht mehr der «feinen» Gesellschaft vorbehalten bleibt, ist Widerspruch gegen die Traditionswünsche älterer Clubvorsitzender keine Unhöflichkeit mehr, sondern zeigt normales Selbstbewusstsein. Das gilt im Übrigen für jeden Widerspruch gegen Überliefertes, das keine andere Begründung mehr hat als «Das haben wir immer so gemacht».

Nur wer bewusst in einen Traditionsverein eintritt, sollte sich höflicherweise auch an die dort üblichen Bekleidungsregeln halten. Alle anderen dürfen heute gegen sie verstoßen. Im Rahmen des altmodischen, aber immer noch aktuellen Ideals namens «Schicklichkeit». Übrigens:

Dass man einen Golfer beim Abschlag nicht durch lautes Geschwätz stört, ist wohl selbstverständlich, oder?

Lass dein Kind spielen!

Sie haben zu Recht einen scheußlichen Ruf, jene Eltern, die ihre Kinder eisern und unbarmherzig auf sportliche Erfolge trimmen, damit sie wie einst Steffi Graf zur Tennisqueen werden. Oder Olympiamedaillen gewinnen.

Gegen solche Egoisten, die Ruhm angeblich nur für ihr Kind suchen, in Wirklichkeit aber Anerkennung (und einen Teil des erhofften Geldsegens) für sich selbst wollen, ist kein Kraut gewachsen. Gegenüber dem Vater, der vom Spielfeldrand aus seinen Fußball spielenden Sohn beschimpft, die Tochter bei der Leichtathletik gnadenlos antreibt, das Kind im Schwimmbecken immer noch eine Bahn schwimmen lässt, haben Freunde, Verwandte und Bekannte eine Höflichkeitspflicht:

Sagen Sie ihm (oder ihr, der Mutter), dass die meisten Kinder spielen und nicht sportliche Höchstleistungen vollbringen wollen. Passen Sie als sportlich ehrgeizige Eltern auf, dass Sie Ihrem Kind die Entscheidungsfreiheit zwischen Spiel und Sport lassen. Und: Bleiben Sie dem Kind gegenüber höflich! Beschimpfungen und Demütigungen sind verboten. Immer. Auch Kindern gegenüber, die selbst ehrgeizig genug sind, um ihre Grenzen auszutesten und wie wirklich gute Sportler auch mal zu überschreiten.

Ich bin ein Fan, na und?

Fußballfans sind meist männlich, in der Masse jung – und oft aggressiv, wenn sie Anhängern des gegnerischen Vereins begegnen. Besonders wenn ihr eigener gerade verloren hat. 90 Prozent der Fans bleiben trotzdem höflich. Sonst würde es nach jedem Spiel weit mehr Pöbeleien und

Schlägereien geben. Fußballfans generell als Hooligans zu verunglimpfen ist deshalb extrem unhöflich.

«Schlachtgesänge» und das Geschrei jener, die zu viele Bierdosen geleert haben, müssen von Unbeteiligten hingenommen werden. Ist es nicht besser, wenn die jungen Kraftprotze sich beim Fußball austoben, als wenn sie nationale Parolen brüllen und ausleben?

Kommentar vom Freiherrn von Knigge «Wer seinem Stande, seinem Alter oder seinen Grundsätzen nach sich weder aufziehn und beleidigen zu lassen, noch eine Beleidigung durch den Zweikampf auszutilgen Lust haben kann, der tut wohl, wenn er die Gelegenheit vermeidet, bei Spiel, Trunk oder andern dergleichen Fällen mit rohen Leuten … in Gemeinschaft zu kommen, oder, wenn er solchen Gelegenheiten nicht ausweichen kann, sich so behutsam, höflich und ernsthaft als möglich aufzuführen.»

Sprechen Sie pferdisch?

Dem Pferd ist es egal, ob Sie die langen Haare am Ende seines Rückens, mit denen es Fliegen vertreibt, Schwanz oder, in der Reitersprache korrekt, Schweif nennen. Theoretisch wie praktisch könnten Sie an Bord eines Segelschiffes auch an Stricken statt an «Tampen» oder «Leinen» ziehen. Trotzdem gilt es als Gebot der Höflichkeit, wenn ein Anfänger als Erstes die Sprache seiner Sportart lernt.

Am schwierigsten ist das unter Jägern. Wie der helle Schwanz eines Hasen oder eines Rehbocks heißt oder die Spur, die beide durch den Wald ziehen – Hunderte jagdspezifischer Bezeichnungen müssen auswendig gelernt werden, bevor die Jagdprüfung erfolgreich abgelegt werden kann. Beim Reiten, Segeln oder Golfen, unter Bergsteigern, Kanuten und Fechtern ist es nicht ganz so schlimm, aber Höflichen bleibt nichts anderes übrig, als die entsprechende Sprache zu lernen. Weil alle sie benützen und weil in gefährlichen Situationen (z. B. beim Segeln oder Bergsteigen) jeder die Anweisungen des Erfahrensten verstehen muss.

Als Außenstehender kann man sich darüber lustig machen, dass zum Beispiel in der Seefahrt Tampen «belegt» statt festgezurrt werden. Wer es weiß, wird zum Insider, und das ist eine Position, für die auch Höfliche Erklärungen wie «Das ist eben so» in Kauf nehmen.

Ab unter die Dusche!

Nach dem Spiel im Clubhaus oder an der Vereinsbar schnell ein Bier gegen den Durst. Einverstanden. Wer sich aber nach Tennis, Fußball, Reitstunde oder Golfspiel in der Mittagshitze gemütlich niederlässt, sollte wirklich vorher duschen gehen: Auch der Schweiß der Clubfreunde stinkt.

Sei nett zum Verlierer

Und nicht nur zum Verlierer, sondern auch zu dem, der nur die Silbermedaille gewonnen hat. Selbstverständlich darf sich der Sieger im neuen Ruhm sonnen. Dann aber gehört es sich, dass er den Zweiten tröstet (seine Enttäuschung ist oft größer als die des Letzten) und dem Verlierer ein paar Komplimente für seine Anstrengung macht.

Das Olympia-Motto «Dabei sein ist alles» ist ein banaler Trost, wenn die ganze Trainingsanstrengung umsonst war. Freundliche, ohne Herablassung gesprochene Trostworte vom Sieger haben einen Höflichkeitsfaktor von 100.

Wenn einer eine Reise tut

Mit Schuhen in die Moschee	Fremde Sitten respektieren	Danke auf Kisuaheli
minus 100	**Höflichkeitsfaktor normal**	**plus 100**

Sprechen Sie Hindi?

Tun Sie's! Wenigstens «Bitte» und «Danke» sollten Sie in der Landessprache können, bevor Sie sich ins Flugzeug nach Goa oder Katmandu setzen. Und das entsprechende Wort für «Guten Tag» und «Tschüs».

Natürlich sprechen Taxifahrer, Animateure und Kellner in Touristengebieten heute Englisch, wenn nicht sogar Deutsch. Prostituierte ebenso (über sie später mehr). Jeder Fremde, nicht nur die besonders Höflichen, sollte aber wenigstens die wichtigsten Worte seines Urlaubs- oder Dienstreisezieles vorher auswendig lernen. Das sollte selbstverständlich sein, ist also eine Höflichkeitspflicht von maximal plus 10. Wer ohne diese paar Brocken Landessprache auszukommen glaubt oder sich aufregt, dass nicht jeder Einheimische seine Sprache spricht, hat einen Höflichkeitsfaktor von minus 50.

Das ist mein Liegestuhl

Engländer mögen uns Deutsche nicht. Unter anderem weil Deutsche in südlichen Urlaubshotels extra morgens um sechs aufstehen, um ihr Handtuch auf einen Liegestuhl am Swimmingpool zu legen und ihn sich damit für den ganzen Tag zu reservieren. Selbst wenn sie Museen besichtigen, statt sich zu sonnen.

Eine Sauerei, so schreiben englische Zeitungen jeden Sommer wieder. Geht es um gutes Benehmen, haben sie Recht. Frühzeitiges Belegen von Liegestühlen oder anderen Plätzen ist nicht unbedingt höflich, sollte aber allseits akzeptiert werden – wenn man sie dann auch in Anspruch nimmt. Nicht anwesende Dauerblockierer dürfen sich nicht wundern, wenn ihr Handtuch nach ein paar Stunden entfernt und auf die unbeliebteste Ecke platziert wird.

Den verklag ich

Sie wollen den Reiseleiter und sein Unternehmen verklagen? Weil Ameisen durchs Hotelzimmer laufen, der Strand Steine statt Sand zeigt, das Abendessen nie pünktlich auf den Tisch kommt, nächtliches Affengebrüll den Schlaf raubt?

Nach-Urlaubs-Prozesse sind heute eine beliebte Unterhaltung für immer mehr Urlauber. Weil sie die Geldgier gepackt hat. Da lässt sich doch etwas rausholen! DIE sollen zahlen dafür, dass mein Urlaub nicht so war, wie ich es mir erträumt hatte.

Das ist in Ordnung, wenn Katalogversprechen nicht eingehalten wurden, vor dem Hotel eine Baustelle lärmt, die Dusche nach Tagen noch nicht funktioniert oder Ratten nachts die Fototasche anfressen. Extrem unhöflich ist es, wenn man selbst den falschen Traum geträumt hat. Dass nämlich im Urlaub alles so sauber, kakerlakenfrei, pünktlich und ruhig sein muss wie zu Hause. Plus garantierter Sonnenschein.

Wozu, bitte, gibt es Reiseführer, in denen Land und Leute im Urlaubsgebiet beschrieben werden? Wozu hat der Urlauber einen eigenen Verstand? Doch wohl, um sich vor der Buchung über die Unterschiede zwischen Heimat und Ferienziel klar zu werden. Und sich zu überlegen: Kann ich in einem armen Land (nur diese bieten Urlaub zum Schnäppchenpreis) den gleichen Luxusstandard erwarten wie in meiner Wohnung (denn die ist «Luxus» im Vergleich zu 99 Prozent aller Wohnungen in Entwicklungs- oder Schwellenländern)? Und wenn nicht – macht mir das etwas aus? Oder erhöht es den Urlaubsreiz? Was suche ich: totale Entspannung in fast heimatlicher Umgebung oder ein Abenteuer?

Wer sich hinterher beschwert, beweist mit seinem Prozess gegen den Reiseveranstalter nackte Habgier (auch keine sehr höfliche Eigenschaft). Oder er zeigt seine Dummheit, weil er sich nicht vorher informiert hat.

Bitte anziehen

In vielen Urlaubsclubs und geschlossenen Hotelanlagen ist es üblich, dass die Gäste sich zum Essen nicht umziehen. Sie kommen in Badehose oder Bikini zum Buffet. Keineswegs immer ist das für die Mitesser ein schöner Anblick, aber wenn es erlaubt ist, muss man darüber hinwegsehen.

Höflichkeit beweisen alle Nicht- oder Nicht-mehr-Schönen, wenn sie sich fürs Hotelessen ein langes T-Shirt über Bauch und Sonnenbrand, eine Hose über behaarte oder weiße Beine ziehen. Sie wollen doch niemandem durch den Anblick Ihrer Fettfalten oder Krampfadern den Appetit verderben, oder? Verlässt man fürs Essen die Hotelanlage, ist die Bedeckung der Blößen Höflichkeitspflicht. Auch in Gebieten, die vom Tourismus leben. Das gilt auch für Superschlanke und Maxischöne – und Männer. Sobald man als Gast in ein öffentliches Café, eine Bar oder eine Trattoria geht.

Nur Discos bieten eine Ausnahme von dieser Benimmregel. Hier sind schöne Frauen und Männer meist auch halbnackt willkommen. Aber nur die!

Höfliche sparen Wasser

Wo immer die Sonne ständig scheint, ist Wasser knapp. Und das Bedürfnis danach groß. Trotzdem: Wassersparen ist für anständige Urlauber in solchen Gebieten Höflichkeitszwang. Man verschwendet es nicht für langes Duschen, drückt die Toilettenspülung so kurz, wie's die Sauberkeit unbedingt erfordert, und dreht Wasserhähne fest zu.

Bekommt das Zimmermädchen Trinkgeld?

Ja. Am besten zu Beginn des Urlaubs und zum Abschied noch mal eine Kleinigkeit. Nicht nur aus Höflichkeit, sondern weil Sie dann besser behandelt werden.

Wie viel? Das kommt auf die Qualität des Hotels und Ihre Urlaubsdauer an. Wie wäre es mit einem Euro pro Urlaubstag im Einfachhotel und zwei im guten? Vorher. Und hinterher nochmal 10 beziehungsweise 20 Euro? Oft leben ganze Familien davon.

Kommentar vom Freiherrn von Knigge: «Deutsche Posthalter, Wagenmeister und Postknechte pflegen in dem Ruf einer ausgezeichneten Grobheit zu stehen. Es kommt aber alles auf die Art an, wie man mit ihnen umgeht, und ein ernsthaftes, von einer gewissen Würde begleitetes Betragen und, wo es anzubringen ist, ein freundliches Wort, das wird bei diesen Leuten selten ohne gute Wirkung angewendet.»

Wenn die Moschee besichtigt wird

Finden Sie es gut, wenn amerikanische Urlauber den Kölner Dom ausgerechnet während der Sonntagsmesse besichtigen? Womöglich in Shorts und Bikinioberteil die Frauen, die Männer mit offenem Hawaiihemd?

Auch wenn Sie das nicht stört, weil Sie Kirchen nur noch als Kulturdenkmäler betrachten – in vielen Urlaubsgebieten der Welt gehört zum ernst genommenen Glauben auch Respekt und Ehrfurcht vor dem heiligen Gebäude.

Klar, einen altgriechischen Tempel können Sie in jeder Kleidung besichtigen, in der Sie sich wohl fühlen. Wollen Sie eine Moschee anschauen, eine Synagoge oder einen hinduistischen Tempel, dann müssen Sie sich nach den Vorstellungen der Gläubigen richten – und sich entsprechend anziehen:

Schauen Sie sich die Gläubigen an. Wenn die Frauen ihren Kopf bedecken, die Männer ihre Hüte abnehmen – tun Sie's auch! Wenn sie sich von Kopf bis Fuß verhüllen – kleiden Sie sich in lange Hosen oder einen Rock und langärmelige Shirts. Warten Sie ruhig am Eingang, wenn gerade eine religiöse Zeremonie stattfindet. Und seien Sie vorsichtig mit Video- oder Fotokamera. Nicht alle Heiligtumshüter erlauben Fotografieren. Besonders nicht, während ihre Gläubigen gemeinsam beten.

Selbstverständlichkeiten? Ja, schon, aber …

Ganze Herden von Bettlern

Nein, tun Sie's nicht. Geben Sie Bettlern nichts, wenn sie in Scharen auftreten wie oft im Orient und in Asien. Höflich wär's schon, als Zeichen ihres Mitgefühls. Aber höchstens Bill Gates hat genug Geld, um jedem etwas geben zu können, der ihn zum Beispiel in Indien auf der Straße bedrängen würde. Sie nicht.

In diesem Fall ist ein klares Nein (in die Fremdsprache übersetzt durch Kopfschütteln und schnelles Weitergehen) am höflichsten. Sie schützen sich vor Zudringlichkeit, der Sie nicht gewachsen sind. Die Bettler wissen, woran sie sind. Sie werden zwar nicht gleich aufgeben, aber wenn Sie eisern bleiben, bald ein neues Opfer suchen.

Einzelnen Bettlern Kleingeld zu geben, hat sowohl in armen Ländern wie auch im reichen Deutschland einen hohen Höflichkeitsfaktor.

Frauen auf Dienstreise im Orient

Von Arabien bis Japan haben sie es schwer, weil Emanzipation dort weitgehend ein Fremdwort ist. Noch zumindest. Frauen als Businesswomen sind bestaunte Raritäten, und Europäerinnen müssen sich vorsichtig durch die arabisch-asiatischen Männervorurteile hindurchlavieren.

Die höflichste und damit erfolgversprechendste Möglichkeit: Anpassung. Auch wenn sie schwer fällt. Das bedeutet: Kleidung, die Arme und Beine bedeckt, ein Benehmen, das den Männern Überlegenheit suggeriert, Begrüßung «nach Art des Hauses», also höfliche Verbeugung statt Händeschütteln zum Beispiel.

Auch selbstbewusste Chefinnen, besonders junge, tun sich leichter, wenn sie sich von einem älteren Mann begleiten lassen. Seniorität wird im Osten immer noch sehr ernst genommen.

Was heißt hier pünktlich?

Je weiter man von Süden nach Norden reist, umso strikter werden die Vorstellungen von Pünktlichkeit. Als ob Nordeuropäer noch immer bei Schnee und Minustemperaturen im Freien warten müssten.

Müssen sie nicht, aber von der Schweiz nach Norden beherrscht die Uhr die Sitten und Gebräuche. Man kommt zur ausgemachten Uhrzeit. Höflicherweise.

In Südeuropa und in einem breiten Streifen von Hongkong bis Rio verwandelt sich das, was wir unter Pünktlichkeit verstehen, in Unhöflichkeit. «Man» kommt nicht Schlag neun, auch wenn das ausgemacht war. Stattdessen trifft man sich etwas später. Eine halbe Stunde Zeitunterschied zwischen verabredetem Termin und Erscheinen gilt noch als «gutes Benehmen».

Deutsche auf Geschäftsreisen dürfen sich allerdings nicht immer nach dieser Lässigkeitsregel richten. Sie sind weltweit für ihre Pünktlichkeit berühmt, wenn sie auch nicht immer dafür bewundert werden. Deshalb empfiehlt es sich für sie, trotz der erwarteten Unpünktlichkeit des Geschäftspartners selbst pünktlich zu sein. Sogar wenn man dann eine halbe Stunde herumsitzen muss, empfindet der andere die deutsche Pünktlichkeit meist als besondere Höflichkeit.

Spuck ruhig auf den Boden

In spanischen Bars gilt es nicht als Anstandsverstoß, wenn die Kerne der Tapas-Oliven einfach auf den Boden gespuckt werden. In Frankreich ist es üblich, gute Bratensauce mit Brot aufzutunken. Von Arabien bis Indien darf mit den Fingern gegessen werden, aber nie mit der linken Hand. In China gilt Rülpsen immer noch als Kompliment an den Koch.

Jeder Kluge (und Höfliche) studiert die Essens-Benimmregeln im Ausland, bevor er losfliegt. So wundert er sich nicht, dass Amerikaner ihr Fleisch erst klein schneiden, dann das Messer weglegen, die Gabel in die rechte Hand nehmen, um damit zu essen, und die linke Hand unter dem Tisch verstecken. Er weiß, dass in Russland Wodkagläser, auch große, ex getrunken werden, und überlegt sich vorher, wie er seine immer als unhöflich empfundene Ablehnung der Schnapssauferei in höfliche Worte kleidet. Er trinkt in China und Japan Whisky zum Essen wie zu Hause Wein oder Wasser, verschmäht dort weder Schlangenragout noch Walfischsteak – und fragt, wenn er nicht weiß, wie er Unbekanntes korrekt zu essen hat. Aber: Da liegt etwas auf dem Teller, bei dessen Anblick dem europäischen Gast schon schlecht wird? Dann sagt er das und erklärt, dass so etwas bei ihm zu Hause absolut tabu ist. Aus religiösen Gründen. Dafür hat jeder Gastgeber Verständnis, ein arabischer Scheich wie ein chinesischer Parteibonze, denn:

Selbst der Höflichste muss nichts essen, was ihm zuwider ist. Weder Hammelaugen in Marokko noch Affengehirn in Schanghai. Er muss nur einen einleuchtenden Grund dafür finden, dass er es nicht darf. Die eigene Gesundheit gilt nicht immer als akzeptable Entschuldigung, die Religion schon.

Ziehen Sie die Schuhe aus

In arabischen Ländern, in Indien, Südostasien und Japan gehört es sich so. Man tritt nur auf Strümpfen oder barfuß in ein Zimmer. Das gilt ebenso in Privatwohnungen wie auch in vielen Restaurants oder den Besprechungszimmern konservativer Chefs.

Wer sich nicht sicher ist, fragt vorher den Dolmetscher oder den Empfangschef in seinem Hotel – oder schaut, was die Einheimischen tun.

Kommentar vom Freiherrn von Knigge: «Es ist weise gehandelt, bevor man ausreist, aus Büchern oder mündlichen Erzählungen sich genau von dem Wege, den man nehmen will, von demjenigen, was unterwegens und in den Örtern, die man besuchen möchte, zu bemerken, zu beobachten und zu vermeiden ist, nicht weniger von den Preisen und den unvermeidlichen Geldausgaben zu unterrichten, damit man weder betrogen werde, noch in Verlegenheit gerate, noch etwas zu sehen versäume, das der Aufmerksamkeit wert scheint.»

Keine Kritik, bitte!

«Ihr Regierungschef sollte endlich die Handelsschranken beseitigen!» Oder: «Warum tut die Polizei so wenig gegen jugendliche Gangster?» Oder: «In Deutschland wäre so etwas undenkbar!»

Solche Sätze sind auf dienstlichen Reisen wie beim Auslandsurlaub absolut verboten, Höflichkeitsfaktor minus 100. Selbst wenn Sie als Redner zu einem Kongress über Demokratie und Globalisation eingeladen wurden.

Wir ärgern uns doch auch, wenn uns Fremde heute als Neonazis verdächtigen und uns Weltmachtträume vorwerfen, nur weil von Berlin statt von Bonn aus regiert wird. Warum also sollten wir andere durch Kritik verärgern? Besonders wenn wir nur für ein paar Tage im Land sind, also keine Ahnung von den dortigen Schwierigkeiten haben?

Das macht man nicht! Noch nicht einmal, wenn der Einheimische einen zu offener Kritik auffordert. Dann kann man Dinge, die einem nicht gefallen, immer noch als «fremd», «verblüffend» oder «ungewohnt» bezeichnen. Und statt Kritik zu üben, sollte man das Gegenüber um eine

Antwort auf das «Warum ist das so?» bitten. Damit gewinnt man einen Freund, mit Kritik, sie mag aus Sicht des Reisenden oder Urlaubers noch so berechtigt sein, nur Feinde.

Schau mir in die Augen, Fremder

In Europa und Nordamerika gehört er zum guten Benehmen – der feste Blick in die Augen des Gesprächspartners. Zwar empfinden wir es auch hier als unangenehm, wenn uns jemand lange und konzentriert in die Augen sieht, als wollte er unsere innersten Fehler und Vorzüge erforschen. Zwischendurch gehört sich das aber so.

In Asien gilt der starre In-die-Augen-Blick als Zudringlichkeit. Kurz anschauen und wegblicken ist höflicher. In Geschäftsbesprechungen wie im Urlaub.

Zum Sex nach Thailand

O ja: Sexreisen in «Bumsbombern» haben auch etwas mit gutem Benehmen zu tun. Nicht nur im Flugzeug (dass sich höfliche Menschen dort nicht besaufen und rumpöbeln, ist eine Selbstverständlichkeit). Die Frage heißt:

Fliegt ein höflicher Mann/Mensch überhaupt nach Bangkok und anderswohin, um dort Sex jeder Art zu kaufen? Von Frauen und jungen Männern, die durch Armut zum Leben als Prostituierte gezwungen werden? Meine Antwort heißt – nein, obwohl Ablehnung nichts nützt, denn der Drang zum Sex war schon immer stärker als der zum anständigen Verhalten.

Sex mit Kindern ist jedoch durch nichts zu entschuldigen. Es ist ein Verbrechen. Wer nach Thailand fliegt, um die dort angebotenen kleinen Jungen und Mädchen zu vergewaltigen, ist ein Krimineller der übelsten Sorte. Er hat auch zu Hause keinen Anspruch darauf, als anständiger Mann zu gelten. Selbst wenn er hier ein wirklich braver Bürger sein sollte.

Auf ins Abenteuer!

Mit dem Schlauchboot den Grand Canyon hinunter; ohne Seil und Haken eine senkrechte Felswand hinauf; querfeldein durch den Dschungel – Abenteuerreisen sind in. Sei es als Urlaub oder als Managementkurs. Dann heißen sie Survival-Trainings und sollen die Teamfähigkeit stärken. Oder dem Chef verraten, wer unter seinen Angestellten ein wirklich taffer Kerl ist und wer eine Lusche.

Höfliche stellen sich solchen Strapazen nur, wenn sie sich wirklich fit fühlen. Nichts verdirbt einer Gruppe Abenteurern den Spaß schneller als ein Teammitglied, auf das ständig Rücksicht genommen werden muss, weil es nicht mitkommt. Höfliche sorgen auch vorher für die richtige Kleidung. Sie gehen nicht in Sandalen über einen Gletscherpfad oder in Sommerkleidung auf den Grönlandausflug, der zum Kreuzfahrtangebot gehört. Sie erkundigen sich rechtzeitig nach den Wetteraussichten und sorgen für gute Landkarten, wenn's querfeldein gehen soll.

Kommentar vom Freiherrn von Knigge: «Macht man den Weg durch einen unbekannten Wald und denkt binnen einem oder zwei Tagen wieder zurückzukehren, so streue man hie und da abgerissene Zweige auf seinen Pfad, um danach den Weg wiederzufinden. Man gehe nie ohne Gewehr, wenigstens nie ohne Stock.»

Hört beim Geld die Höflichkeit auf? Nein!

Geiz	Sparsamkeit	Großzügigkeit
minus 100	Höflichkeitsfaktor normal	plus 100

Geizig oder sparsam?

Die Grenzen verschwimmen. Ist jemand, der Bettlern nie etwas gibt, geizig oder nur sparsam? Und ist er vernünftiger als der Großzügige? Vielleicht, aber ich finde ihn abscheulich. Höfliche Menschen geben von ihrem Reichtum ab, auch wenn der nur um weniges größer ist als der des Bettlers. Geben Sie ein großzügiges Trinkgeld – nicht nur, wenn der Service beim Friseur, im Taxi oder im Restaurant perfekt war, sondern als Anerkennung für die Leistung des Serviceanbieters. Feilschen Sie nicht um Pfennige. Maulen Sie nicht über die Sozialhilfe für Asylbewerber und Deutschkurse für Einwanderer. Bezahlen Sie den Solidarbeitrag für Ostdeutschland (knurrend, das ist okay) und tricksen Sie bei der Steuer, aber betrügen Sie nicht.

Geiz gehört zu den uralten Sünden. Er wurde in der katholischen Kirche zu Recht mit Fegefeuer bestraft. Weil er egoistische Gier nach niemals erreichbarer Sicherheit ist. Widerlich. Und dumm. Geizige nehmen sich selbst die Freude des Schenkens. Sie erfahren nie, wie gut Dankbarkeit tut.

Sparsame behaupten als Entschuldigung fürs Nichtgeben, dass sie ihr Geld zusammenhalten müssten – für igendeine ferne Zukunft. In Ordnung. Wer aber aus Sparsamkeit anderen gar nichts vom eigenen Geld gönnt, hat einen Höflichkeitsfaktor von minus 100.

Und wie steht's mit Armen, die selbst nichts besitzen? Oder so wenig, dass sie damit gerade mal über die Lebensrunden kommen? Sie können immer noch Freundlichkeitsgeschenke machen und statt Geld Hilfsbereitschaft geben.

Kommentar vom Freiherrn von Knigge: «Der *Geiz* ist eine der unedelsten, schädlichsten Leidenschaften. Man kann sich keine Niederträchtigkeit denken, zu welcher ein Geizhals nicht fähig wäre, wenn seine Begierde nach Reichtümern in das Spiel kommt, und jede Empfindung beßrer Art, Freundschaft, Mitleid und Wohlwollen finden keinen Eingang in sein Herz, wenn sie kein Geld einbringen.»

Sie haben den Jackpot gewonnen. Und nun?

Ein richtig großer Haufen Geld. Sie haben jetzt genug, um sich Haus, Luxusauto und Edelklamotten zu kaufen. Und bis zum Tod in Saus und Braus zu leben. Was nun? Menschen mit hohem Höflichkeitsfaktor geben ab. Reichlich. An Verwandte und an professionelle Helfer, die das Geld dort anlegen, wo es anderen nützt.

Wer gleichzeitig Ruhm und Ehre für sich selbst sucht, gründet eine Stiftung, die seinen Namen trägt. Für eine neue Unibibliothek in seiner Stadt, ein Projekt der Entwicklungshilfe oder die Unterstützung von Jungunternehmen in Osteuropa. Wofür, ist egal. Hauptsache, das Geld vermehrt sich nicht unnütz in einer Fondsanlage oder auf einem Liechtensteiner Geheimkonto, sondern arbeitet für etwas Sinnvolles.

Das finden Sie zu viel verlangt? Nein. Wer einen Jackpot gewinnt, hat genau wie Manager, Fußballer oder Showstars, die im Jahr Millionen verdienen, die Verpflichtung, an andere, ärmere Menschen zu denken. Und etwas für sie zu tun. Spätestens wenn er oder sie sich die Luxusvilla gebaut, zum BMW auch noch den Ferrari gekauft und eine Yacht angeschafft hat. Spenden und Stiften hat noch nicht mal einen hohen Höflichkeitsfaktor. Es sollte selbstverständlich sein.

Betrügen Sie das Finanzamt?

Ist es unhöflich, das zu tun? Oder ist der Staat unhöflich, weil er uns mehr abverlangt, als wir fair finden?

Natürlich ist es unhöflich. Schließlich kassiert hier kein Diktator unser schwer verdientes Geld, um sich davon kugelsichere Mercedeslimousinen, Sexsklavinnen und Raketen zu kaufen. Stattdessen finanziert unser Staat damit Schulen, bezahlt die Polizei, repariert Löcher in den Straßen, pflanzt Bäume in der Innenstadt und unterhält das Kunstmuseum, für das sich zumindest eine Minderheit interessiert.

Steuern sind ein Pakt, den die von uns gewählte Obrigkeit mit uns schließt. Gib mir Geld, dann gebe ich dir Sicherheit, Ausbildung, Kultur. Deshalb haben all jene einen hohen Höflichkeitsfaktor, die sich nach den Vorschriften richten.

Wer das nicht macht, wer Geld in die Schweiz oder auf die Cayman-Inseln verschiebt und jedes Steuerschlupfloch zu einem Krater ausweitet, in dem er sein Geld vor Kontrolleuren verstecken kann, der sollte wenigstens eine Höflichkeitsregel beachten:

Beschwer dich nicht über Dinge, an denen du mit schuld bist. Über zu wenig Polizei auf den Straßen zum Beispiel, Etatkürzungen beim städtischen Symphonieorchester, schlechte Schulen und übervolle Universitäten! Das ist nicht nur unhöflich, es ist verlogen!

Etiketteregeln für die Börse

Dass Insidergeschäfte nicht nur den Gesetzen widersprechen, sondern auch der Etikette, ist wohl selbstverständlich. Aber lassen wir die hauptberuflichen Börsianer mal außen vor. Hier geht's um jene Normalmenschen, die mit Aktienanlagen nebenbei Geld verdienen wollen.

Diese Gruppe wurde dank des Börsenbooms rund um die Jahrtausendwende ziemlich groß. Statt auf den Lottoschein setzte sie auf die Börse – und war bitter enttäuscht, wenn sie statt des erhofften Gewinns

Verlust machte. Ihr gutes Recht, nur eines gehört sich nicht: das große Jammern nach dem Crash.

Genauso unhöflich ist es, einen Prozess gegen die Anlageberater zu führen. Jeder, der mit Aktien spekuliert, hat vorher gewusst: Hier geht es um globale Trends, um Vertrauen und Angst, nicht um rein merkantile Logik. Und jeder hat beim Aktienkauf einen Vertrag mit seiner Bank oder seinem Anlageberater abgeschlossen – in dem kein Wort von Sicherheitsgarantien gestanden hat.

Bei Verlusten beklagen sich Höfliche nur über die Bosheit des Schicksals und die eigene Dummheit, nicht über die mangelhafte Zukunftsvorhersage des Analysten oder der Medien. Und sie klagen nur kurz. Einmal laut schreien, weil man an der Börse Geld verloren hat, ist in Ordnung, allen Freunden wochenlang die Ohren volljammern verboten. Auch und erst recht, wenn der Verlust bitter wehtat.

Höfliche Menschen machen Schicksalsschläge mit sich allein aus!

Kommentar vom Freiherrn von Knigge: «Große Kaufleute spielen, wenn sie spielen, gewöhnlich um hohes Geld. Sie betrachten das wie jeden andern Spekulationshandel; aber sie spielen dann auch mit aller Kunst und Aufmerksamkeit. Man hüte sich daher, wenn man das Spiel nicht versteht oder es nachlässig, bloß als Zeitvertreib ansieht, sich mit solchen Männern darauf einzulassen.»

Keine Schulden bei Freunden

Es sei denn, Sie wissen genau, dass Sie den Betrag innerhalb einer abgesprochenen Zeit zurückzahlen können. Und: Bezahlen Sie ihn zurück! Nichts killt eine Freundschaft schneller als größere Beträge, auf die der freundliche Geber warten muss.

Schulden werden heute generell als normal akzeptiert. Die globale Wirtschaft würde ohne Schuldenmachen (offiziell oft als «Zahlungsfristen» verschleiert) nicht funktionieren. Von unseren Privatschulden leben die Banken, aber:

Es ist weit besser, mit der Bank über eine Umschuldung zu verhandeln als mit einem Freund! Kluge leihen sich deshalb von Bekannten und Verwandten allenfalls Kleinbeträge. Höfliche bezahlen sie zurück. So schnell wie möglich!

Und wenn Ihnen jemand Geld schuldet? Auch dazu hatte mein Vorgänger die richtigen Gedanken:

Kommentar vom Freiherrn von Knigge: «Über den Umgang mit Schuldnern und Gläubigern habe ich wenig zu sagen. Man sei menschlich, billig und höflich gegen die erstern. Man glaube nicht, daß jemand, der uns Geld schuldig ist, deswegen unser Sklave geworden sei … noch überhaupt, daß der elende Bettel, der Mammon, einen Menschen berechtigen könne, sein Haupt über den andren emporzuheben.»

Bezahl deine Rechnungen!

«Zahlbar innerhalb von zehn Tagen». So steht's heute unter vielen Rechnungen. Hält sich jemand dran? Immer weniger. Ich warte auf Texthonorare auch von großen Auftraggebern mit dicken Geldpolstern bis zu sechs Wochen. Ist das höflich?

Mein Warten ja, die Nichtbezahlung nein! Ob der Elektriker die Waschmaschine repariert oder der PC-Berater die abgestürzte Festplatte, ob der Architekt ein Haus entwirft oder der Ingenieur ein neues Antriebssystem für Windräder – jeder hat Anspruch auf die prompte Bezahlung seiner Arbeit. Selbstverständlich! Unter höflichen Menschen gibt es darüber keine Diskussion: Sie bezahlen innerhalb der auf der Rechnung angegebenen Frist oder reden mit dem Rechnungssteller über einen Aufschub, wenn sie selbst gerade klamm sind.

Rechnungen einfach liegen zu lassen, bis der andere mit dem Gerichtsvollzieher droht, ist – sauschlechtes Benehmen (verzeihen Sie meine Ausdrucksweise!).

Kommentar vom Freiherrn von Knigge: «Da die Sicherheit des Handels auf Pünktlichkeit im Bezahlen und auf Treue und Glauben beruht, so setze Dich bei den Kaufleuten in den Ruf, strenge Wort zu halten und ordentlich zu bezahlen; so werden sie Dich höher achten als manchen viel reichern Mann.»

Sind wir alle bestechlich?

Ja, natürlich. Die Finanzbeamtin, die ich mit Arme-Sünder-Miene um einen Zahlungsaufschub bitte, durch Freundlichkeit. Der Gast auf einem PR-Event durch das als Geschenk verpackte Produkt, um das es geht. Alle Journalisten durch Presseessen in Edelrestaurants, Parfüms und Kosmetika, Autos mit Journalistenrabatt oder Reisen in die schönsten Hotels der Welt.

Ist das Bestechung? Wenn wir ehrlich sind – ja. Weil wir anschließend gut vom Bestecher reden (oder als Journalisten wenigstens eine Meldung veröffentlichen). Aber, da sind sich alle einig, so funktioniert das Leben.

Bestechung, von der Höfliche die Finger lassen, beginnt dort, wo

- Gesetze gebrochen werden (jemand eine Finanzbeamtin zu einem teuren Essen einlädt oder ihr 100 Mark über den Schreibtisch schiebt);
- der «Dank» für ein Geschenk eingefordert wird (z. B. wenn PR-Firmen von Journalisten nicht nur eine Meldung, sondern eine Lobeshymne auf ihr Produkt erwarten) und
- Unbeteiligte geschädigt werden (z. B. Mitbewerber keine Chance mehr bekommen).

Die Grenzen sind fließend. Wir wissen es aus der Medienberichterstattung über Bestechungen. Trotzdem gilt generell:

Wer besticht und Bestechung annimmt, verletzt bewusst die Etiketteregeln über Ehrlichkeit und Fairness, die zum Fundament unserer Gesellschaft gehören. Selbst wenn er damit kein Gesetz übertritt.

Wie gut sind Ethikaktien?

Keine Ahnung. Ich habe nicht genug Geld, um an der Börse zu spekulieren, und kann ihre «Performance» deshalb nicht beurteilen. Aber: Anständige Menschen überlegen sich heute, ob sie Aktien von Atomstromanbietern kaufen oder von Windraderrichtern, von Firmen, die in Asien Kinder arbeiten lassen, Regenwaldabholzern und Chemikalienproduzenten, die ihre giftigen Abfälle in Afrika verbuddeln.

Behaupten Sie nicht, dass Sie das nicht beurteilen könnten. Aktienkurse stehen meist erst im hinteren Teil einer Zeitung und werden im Fernsehen selten als Erstes gemeldet. Verletzungen der Menschenrechte in der dritten Welt und Umweltsünden haben jedoch inzwischen die Seite eins und den Anfang der Nachrichtensendungen erobert. Sie sind nicht zu übersehen. Einen hohen Höflichkeitsfaktor hat deshalb nur, wer auch beim Aktienkauf anständig handelt.

Angabe ist das halbe Leben

Wenn das Gehalt über 150 000 Mark pro Jahr steigt, muss ein Porsche her. Spätestens! Oder ein BMW Z 1. Und eine fette Uhr. Anzüge von Armani oder Brioni und Kostüme von Prada oder Chanel.

Wunderbar. Ein bisschen Protz muss sein. Denn er macht Spaß. Mir zumindest. Wenn ich könnte, würde ich auch Designermode tragen, ein Cabrio mit Überholprestige fahren und Urlaub auf einer balinesischen Insel machen. Inklusive Flug in der ersten Klasse, natürlich. Großprotz aber ist unhöflich. Solange man unter seinesgleichen ist, darf hergezeigt werden, was man hat. Sobald man sich unter Normalverdienern befindet, ist Zurückhaltung angesagt. Erst recht unter Ärmeren.

Brillantketten am Strand eines bitter armen afrikanischen Landes, die Angabe des Großwildjägers mit seinen barbarisch teuren Gewehren, die Bezahlung mit Großgeldscheinen im indischen Bazar – das ist grobe Unhöflichkeit. Genau wie der Besuch von Lions-Club-Ladys in Cashmere und Seide im Obdachlosenasyl. Wobei ich mich sofort bei den Mitgliedern des Lions Clubs entschuldige! 99 Prozent von ihnen sind garantiert viel zu höflich, um so etwas zu tun. Aber ich habe das schlimme eine Prozent bei genau so einer Gelegenheit mal begleiten müssen.

Bescheidenheit ist eine Zier, sagt das Sprichwort. Dass es «ohne ihr» geht ebenfalls. Höfliche vermeiden trotzdem jeden Protz.

Spenden Sie weiter

Deutsche sind gut im Spenden. Bei jeder Hunger- oder Erdbebenkatastrophe greifen sie zum Scheckbuch. Und trotz aller Jammerei über die heutige Erbarmungslosigkeit und mangelnde Hilfsbereitschaft spenden sie auch Zeit. Um für Obdachlose Essen zu sammeln. Um einem Sportverein die Bücher zu führen. Um als Senioren asiatische Start-up-Unternehmen zu beraten. Oder deutsche.

Der gesamtdeutsche Höflichkeitsfaktor ist also höher, als von Gesellschaftskritikern oft behauptet wird. Bravo! Weiter so!

Kommentar vom Freiherrn von Knigge: «Wenn die Regeln des Umgangs nicht bloß Vorschriften einer konventionellen Höflichkeit oder gar einer gefährlichen Politik sein wollen, so müssen sie auf die Lehren von den Pflichten gegründet sein, die wir allen Arten von Menschen schuldig sind und wiederum von ihnen fordern können. Das heißt: Ein System, dessen Grundpfeiler Moral und Weltklugheit sind, muß dabei zur Grunde liegen.»

Nun feilscht mal schön

Endlich ist es offiziell erlaubt. Auch in Deutschland darf um Preise gefeilscht werden. Auf orientalischen Bazaren ist es ja schon lange Höflichkeitspflicht, aber deutsche Gesetzgeber meinten bis ins Jahr 2001 hinein, sie müssten Händler wie Konsumenten davor beschützen.

Blöd! Wer nicht feilschen kann (so wie ich), muss es eben lassen – oder üben. Wer das Spiel der Worte zwischen Käufer und Verkäufer liebt, darf es endlich spielen.

Etiketteregeln dafür gibt es bei uns noch nicht, nur Höflichkeitspflichten. Regel Nummer eins: Nicht aufregen! Beim Handel um den Preis eines Autos oder einer Portion Heringe auf dem Hamburger Fischmarkt geht es nicht um «höhere Werte». Regel Nummer zwei: Respektieren Sie den «Gegner», selbst wenn er besser feilschen kann als Sie. Regel Nummer drei: Verabschieden Sie sich freundlich, wenn Sie das Feilschgespräch ohne Ergebnis abbrechen, weil Ihr Gegenüber nicht weiter nachgeben will. Vielleicht wollen Sie es ja morgen wieder aufnehmen.

Die Höflichkeit gegenüber Ausländern

Frauenkauf in Asien	Kein Nationalstolz	Rücksicht auf Nationalstolz
minus 100	Höflichkeitsfaktor normal	plus 100

Raus mit den Fremden!?

Nein! Weil Höflichkeit sehr viel mit Ethik zu tun hat, also mit anständigem Verhalten, und das verbietet die Abschiebung von Menschen, die bei uns Schutz und Arbeit suchen. Tatsache ist aber:

Viele Einheimische haben Angst vor Fremden. Angst um ihren Arbeitsplatz, vor höheren Steuern, vor ausländischen Kriminellen. Alles begründbar, wenn auch nur mit schlechten Argumenten. Die Wahrheit:

- Einwanderer und Asylbewerber, die in Deutschland heimisch werden, machen in erster Linie die Jobs, die kein deutscher Langzeitarbeitsloser haben will. Oder für die wir selbst zu wenig Experten ausbilden. Wir brauchen sie. Nicht weil die Deutschen sonst eines Tages aussterben (was ist daran so schlimm?), sondern weil wir unser eigenes Wohlleben anders nicht mehr bezahlen können.
- Einwanderer und Asylbewerber kosten unseren Staat zwar erst einmal Geld, aber davon hat das reiche Deutschland wirklich genug. Und wenn tatsächlich der Asylsuchenden wegen ein paar Autobahnkilometer weniger gebaut würden – das muss die Menschlichkeit uns wert sein.
- Einwanderer und Asylbewerber haben eine hohe Kriminalitätsquote. Ja, aber nicht weil sie grundsätzlich weniger gesetzestreu wären, sondern weil schon immer und überall labile Menschen durch den krassen Gegensatz zwischen eigener Armut und fremdem Reichtum verführt wurden – und auf die berühmte schiefe Bahn gerieten, die schneller Geld bringt als ehrliche Arbeit. Damit müssen wir leben. Die einzige Chance, daran etwas zu ändern: das Armutsgefälle zwischen Osteuropa oder den Drittweltländern und dem reichen Westen auszugleichen. Ein härterer Einsatz der Polizei bringt nichts. Nicht auf Dauer.

Allerdings: Ausländerhass hat mit Logik nichts zu tun. Mit Anstand und Höflichkeit schon gar nicht. Er ist dumm und entsteht aus der eigenen Unsicherheit und dem Neid der Hassenden. Anständige Menschen überlegen deshalb gut, bevor sie DIE Ausländer sagen. Sie schauen sich im eigenen Land um, zählen die vielen Deutschen, die sie grässlich finden, vom korrupten Bankmenschen über den süchtigen Einbrecher bis zum Vergewaltiger (weit mehr Deutsche als Ausländer!) und – halten den Mund.

Vom albanischen Kiezkönig zu sprechen (Prostitution ist z. B. in Hamburg weitgehend in der Hand von Albanern), von mazedonischen Dealern oder von einer polnischen Autoknackerbande, ist okay. Solche Verbrechen allen Albanern, Mazedoniern und Polen anzulasten, ist genauso falsch wie die Behauptung, DIE Deutschen seien auch 50 Jahre nach dem Holocaust noch Judenhasser.

Ich bin stolz, ein Deutscher zu sein!?

Ja. Nein. Oder ein bisschen? Höchstens Letzteres. Und das nur, weil ich zufällig in Deutschland geboren wurde. Nationalstolz wird von höflichen Menschen nicht gepflegt. Die Nationalstaaten sind eine relativ neue Erfindung mit großen Fehlern. Ihr verdanken wir unzählige Kriege inklusive gewaltiger Flüchtlingsströme.

Einen hohen Höflichkeitsfaktor hat deshalb jeder Deutsche, der anderen Völkern ihren Nationalstolz gönnt. Auch diese werden irgendwann lernen müssen, dass er im 21. Jahrhundert keinen Platz mehr hat. Und wenn Sie den Stolz auf irgendein geographisches Gebiet zu Ihrem Glück brauchen, sehen Sie sich doch als Europäer an.

Kommentar vom Freiherrn von Knigge: «Sich nun also nach Ort, Zeit und Umständen umzuformen und von verjährten Gewohnheiten sich loszumachen, das erfordert Studium und Kunst.»

Hauptsache, sie putzt anständig

Essen gehen wir gern bei unseren «ausländischen Mitbürgern». Wir mampfen am Döner-Imbiss, tafeln im syrischen Restaurant, bestellen uns beim «Italiener an der Ecke» die Pizza für den Fernsehabend. Doch damit nicht genug: Wir beschäftigen die polnische Putzfrau zum Minilohn, lassen uns von ukrainischen Bauarbeitern das Dach decken, und in den meisten Edelrestaurants arbeiten Spüler aus Afrika. Oft illegal, weil der Wirt ihnen dann weniger bezahlen muss.

Ethisch richtig? Natürlich nicht. Unvermeidbar, weil wir alle fehlbare und geldgierige Menschen sind, die sparen, wo sie nur können? Wahrscheinlich, aber eines ist Pflicht: dass der Küchenchef den schwarzen Spüler genauso höflich behandelt wie seinen Stellvertreter. Und wir mit unserer Putzfrau ebenso anständig umgehen wie mit unserem Chef.

Die Fahne hoch?

Neonazis schwenken Schwarz-Weiß-Rot. Oder Hakenkreuzflaggen. Sie äußern laut ihre Dumpfsehnsüchte nach dem Dritten Reich und demonstrieren damit totale Unkenntnis der Geschichte. Aber wenn jemand die Bundesflagge zeigt – ist das schlecht? Das nicht, aber im Gegensatz zu unseren Nachbarn eher unüblich. Amerikaner stellen gern Fahnenmasten in den Vorgarten und ziehen jeden Morgen «the star spengled banner» in die Höhe. Briten belegen die Beleidigung ihres «Union Jack» zumindest mit Geldstrafen, und in der Türkei kommt jeder Kurde, der aus Protest gegen die Unterdrückung seines Volkes die türkische Nationalflagge anzündet, ins Gefängnis.

Deutsche machen sich meist nicht viel aus ihrem Schwarz-Rot-Gold, aber im Ausland müssen Höfliche auf die anderen, oft stärkeren Nationalgefühle Rücksicht nehmen. Man macht sich nicht darüber lustig und respektiert die Gefühle der Einheimischen. Auch wenn's manchmal schwer fällt.

Warum das Nationalgefühl bei uns kleiner ist als im Ausland, erklärte bereits der Freiherr von Knigge:

Kommentar vom Freiherrn von Knigge: «In keinem Land in Europa ist es vielleicht so schwer, im Umgange mit Menschen aus allen Klassen, Gegenden und Ständen allgemeinen Beifall einzuernten … ohne selbst zu leiden, auf den Fürsten wie auf den Edelmann und Bürger, auf den Kaufmann wie auf den Geistlichen nach gefallen zu wirken, als in unserm deutschen Vaterlande, denn nirgends vielleicht herrscht zu gleicher Zeit eine so große Mannigfaltigkeit des Konservationstons, der Erziehungsart, der Religions- und andrer Meinungen.»

Meine Tochter heiratet einen Neger

Na und? Die Hautfarbe ist für einen höflichen Vater heute wirklich kein Argument mehr. Er kann seine Tochter darauf hinweisen, wie schwierig Ehen zwischen Menschen aus unterschiedlichen Kulturen sind. Nützen wird das wenig. Liebe überwindet alle Grenzen. Das glauben zumindest Verliebte.

Die einzig korrekte Antwort des Höflichen auf die Heirat zwischen Christen und Moslems, einer Deutschen und einem Mann aus einer südafrikanischen Township, einer Münchner Karrierefrau und einem Computerexperten aus Mumbai ist die Versicherung ans eigene Kind: Wann immer du mich brauchst – ich bin für dich da.

Es wird Sie brauchen, wenn die Ehe schief gehen sollte.

Übrigens: Männer, die sich in Asien eine Frau kaufen, weil sie in Deutschland keine Sklavin finden, besitzen selbstverständlich einen Höflichkeitsfaktor von minus 100. Sie sind ebenso schlimm wie jeder Menschenhändler, der illegale Einwanderer über die Grenzen schleust und sie dann jahrelang für sich arbeiten lässt.

Und nicht zuletzt: «Neger» ist ein Wort, das Höfliche heute nicht mehr benützen. Es erinnert zu sehr an Kolonialzeiten. Korrekt ist heute nur noch die Bezeichnung nach Herkunft, also «Afrikaner» oder Afroamerikaner».

Hundehaufen, Ökoagitatoren und Taubenvergifter

Hundekacke liegen lassen	Bioprodukte einkaufen	Vegetarisch essen
minus 100	Höflichkeitsfaktor normal	plus 100

Weg mit der Hundekacke

Natürlich ist es lästig, dass man als Hundebesitzer für jeden Ausgang Schaufel und Plastiktüte dabei haben und die «Haufen» des geliebten Fiffi von Gehwegen und Spielwiesen entfernen muss. Es führt aber kein Höflichkeitsweg drum herum.

Jeder, der schon mal in Hundekacke getreten ist, kennt den verhassten Geruch. Jede Mutter wird blass vor Wut, wenn in der Spielplatzsandkiste so ein Haufen liegt. Also – selbst wegmachen, was der eigene Hund hinterlässt. Immer. Oder ihn dazu erziehen, dass er für sein Geschäft nur ins dichteste Gebüsch kriecht. Das geht! Weichherzige buchen dafür Unterricht beim professionellen Hundetrainer.

Bitte, ein Bioei!

Es hat nicht nur mit der Gesundheit zu tun, dass heute viele Menschen wissen wollen, woher ihr Frühstücksei kommt – aus dem Massenkäfig, in dem die Hühner mit Antibiotika gefüttert werden, oder von einem «frei laufenden» Huhn, das sich zumindest einen kleinen Teil seines Futters selbst auf der Wiese sucht und den Rest des Hungers mit natürlich aufgezogenen Körnern stillt.

Wer beim Einkaufen «Bio»- oder «Öko»-Produkte kauft, verhält sich der Natur gegenüber höflich, denn die heute streng kontrollierten Prüfsiegel zeigen: Diese Produkte werden so hergestellt wie zu Uromas Zeiten. Ohne künstlichen Dünger und ohne Pestizide, die das Trinkwasser verseuchen können, Wildkräuter ausrotten und Schmetterlinge unfruchtbar machen.

Bioei und Ökobrot sorgen dafür, dass die bäuerliche Umwelt nicht mehr geschädigt wird als unumgänglich. Sicher, jede Art von Landwirtschaft verändert die Biotope, in denen sie betrieben wird. Aber die ökologische Bewirtschaftung richtet am wenigsten Schaden an. Sie ist also diejenige mit dem höchsten Höflichkeitsfaktor. Deshalb sollte jeder anständige Mensch sie unterstützen – auch wenn ihre Produkte etwas teurer sind als die aus der Agrarindustrie!

Quäle nie ein Tier zum Scherz

... denn es fühlt wie du den Schmerz. Volksweisheit. Zwar debattieren Bioforscher zur Zeit mal wieder heftig darüber, ob Tiere Schmerzen genauso fühlen wie Menschen, aber die Diskussion klingt sehr nach Entschuldigungssuche für Massentierhaltung und Tierversuche.

Selbstverständlich gibt es reichlich Erklärungen dafür, warum beides angeblich nicht wieder abgeschafft werden kann – sie reichen von «Ohne Massentierhaltung kann die Bevölkerung nicht genügend versorgt werden» bis zu «Ohne Tierversuche keine neuen Medikamente für Menschen». Trotzdem:

Das Höflichkeitsgebot gilt auch gegenüber Tieren. Besonders weil in erster Linie wirtschaftliche Interessen der Agrar- und Pharmaindustrie strengere Tierschutzgesetze verhindern. Wer dabei mithelfen will, dass Tiere von der «dummen» Pute im Massengefängnis bis zu unserem Urvorfahr, dem Affen, in der wissenschaftlichen Versuchsstation endlich anständig behandelt werden, muss auch selbst handeln.

Das bedeutet, dass er zumindest dort, wo er kann – zum Beispiel beim Einkauf von Fleisch –, das richtige Angebot wählt. Kaufen Sie beim Biobauern und nicht das Billigste aus der Massentierhaltung. Und protestieren Sie gegen Tierversuche, wann immer Gelegenheit dazu ist.

Kommentar vom Freiherrn von Knigge: «Der Gerechte erbarmt sich seines Viehes – das ist ein vortrefflicher Spruch, ja, der edle, der gerechte Mann martert kein lebendiges Wesen. Wenn doch die hartherzigen, grausamen oder, um billiger zu urteilen, zum Teil nur leichtsinnigen, verwilderten Menschen … wenn sie doch nur bedenken wollten, … daß ein Tier ebenso schmerzhaft Mißhandlung, barbarischen Mißbrauch größerer Stärke und Wehe fühlt als wir.»

Nie wieder Fleisch?

Höflich wäre es schon. Wer Kuh, Huhn und Pute ethisch korrekt behandeln will, kann ihrer Aufzucht allein zum Wohl des Menschen nicht zustimmen. Und ihrer Schlachtung, damit wir schlemmen können, schon gar nicht. Er muss Vegetarier werden.

Ich bewundere solche Menschen. Aber für immer auf Schinken, Salami oder Steak verzichten? Das bringe ich nicht fertig. Ich schäme mich.

Brauchen wir Ökoagitatoren?

Greenpeace zum Beispiel? Oder Anti-Castor-Demonstranten, die sich auf Bahnschienen einbetonieren? Oder militante Tierschützer, die Zuchtkäfige von Nerzen öffnen und Hunderte der kleinen Raubtiere in die freie Natur entlassen? Oder Demonstranten gegen die Globalisierung, die Schaufenster zerschmeißen und Polizisten krankenhausreif prügeln?

Sie sehen es schon: Meine Haltung zu den Kämpfern für eine bessere Welt ist zwiespältig. Solange Greenpeace Walfänger behindert oder zu einem Massenboykott gegen die Versenkung von Bohrtürmen aufruft, finde ich die Aktionen klasse. Auch wenn sich im Fall der Ölplattform in der Nordsee herausstellte, dass die Umwelt durch ihre Versenkung gar nicht geschädigt worden wäre. Greenpeace hat dasselbe Recht aufs Fehlermachen wie Shell.

Bei den so genannten «Ökoagitatoren», die ihre Anliegen mit Gewalt durchsetzen wollen, schlägt mein Verständnis in Zorn um – auf die Arroganz, allein und ohne Rücksicht auf andere Recht haben zu wollen, und auf die Dummheit, die oft hinter ihren Aktionen steckt.

Höflichkeit ist heute ein anderes Wort für Fairness und Rücksichtnahme. Wer auf Castortransporte mit Gewalt antwortet und seine Mitbürger zwingt, Millionen von Steuergeldern für überflüssige Polizeiarbeit auszugeben, muss sich spätestens nach dem zweiten vergeblichen Aufstand überlegen: Gibt es nicht bessere Möglichkeiten, gegen «falsche» Unternehmen des Staates zu protestieren? Per Massen-E-Mail oder mit Unterschriftenaktionen? Durch gute Vorschläge, was mit dem Atommüll statt einer Endlagerung in Gorleben geschehen könnte?!

Dasselbe gilt für militante Tierschützer, gewalttätige Globalisierungsgegner und die Prügeleien mit der Polizei von so genannten Autonomen. Höfliche Menschen denken nach, bevor sie gewalttätig werden. Sie suchen nach Lösungen.

Okay, lautes Geschrei und öffentlicher Aufruhr bringt die Agitatoren ins Fernsehen und zwingt die Angebrüllten oft schneller zum Umdenken als geduldige Überzeugungsarbeit. Eine Entschuldigung für Gewalt ist das nicht. Nie.

Sonnenlicht fürs Badewasser

Ganz langsam setzt sich die Erkenntnis durch: Wir haben auch eine Höflichkeitspflicht gegenüber der ganzen Erde – und gegenüber unseren Kindern und Enkeln, die in 100 Jahren ihre kalten Winterwohnungen heizen und im Sommer ihre Kühlschränke laufen lassen wollen. So wie wir heute. Der Grund dafür:

Auf Strom aus Kohle, Öl und Erdgas können wir uns nicht mehr lange verlassen. Die Vorräte gehen zu Ende. Nicht so schnell, wie in den 1970ern verkündet wurde, aber irgendwann in nicht sehr ferner Zukunft sind die verwertbaren Stoffe aus der Erde aufgebraucht. Die Entscheidung für die so genannten erneuerbaren Energien wie Sonne, Wind und Wasser ist deshalb eine Frage der Höflichkeit, denn sie schädigen unser Biotop Erde nicht durch Abgase und eröffnen auch den kommenden Generationen die Chance auf ein gutes Leben.

Das kostet Geld. Es zahlt der Häuslebauer mehr, der heute sein Dach mit teuren Solarzellen deckt, oder der Strombezieher, der dem bisherigen Lieferanten kündigt und sich seine Elektrizität vom Ökoanbieter holt. Es kostet Mühe, wenn statt des schicken Cabrios ein Biogasauto gekauft wird, denn dafür gibt es noch viel zu wenig Tankstellen. Und es kostet Arbeit, wenn der Müll sortiert, leere Flaschen und Altpapier regelmäßig zum passenden Abfallcontainer gebracht werden müssen. Deshalb ist der Höflichkeitsfaktor auch besonders hoch. 100 Punkte für alle, die über Klimaerwärmung, Ressourcenschonung und Recycling nicht nur reden, sondern aktiv etwas für die Umwelt, die ganze Erde und später kommende Generationen tun.

Einfach in den Rinnstein damit

Die Coladose, das Papier ums Schokoladeneis, die leere Zigarettenschachtel. Warum erst einstecken und später im städtischen Abfallkorb entsorgen, statt sie gleich auf die Straße zu schmeißen? Einfach! Weil Müll auf Fußwegen und Straßen hässlich aussieht – und Geld für die Straßenreinigung kostet. Geld, das die Stadt vielleicht für bessere Schulen übrig hätte, wenn wir alle höfliche Menschen wären und unseren Müll (auch nach einem Picknick) dort entsorgen würden, wo er hingehört. In den öffentlichen oder privaten Mülleimer.

Seit der Eröffnung von städtischen Recyclinghöfen und Sondermülldeponien gilt das selbstverständlich auch für ausgediente Kühlschränke, abgewetzte Wohnzimmersessel und den alten Computer.

«Gemma Taubnvergiftn im Park»

Das fordert ein Chanson vom Wiener Kabarettisten Georg Kreisler. So weit muss man nicht gehen, aber Tauben füttern verbietet die Höflichkeit. Ihr Mist zerfrisst unsere Denkmäler, ihre Milben machen Menschen krank. Ökologisch gesehen gibt es schon viel zu viele davon. Überlassen wir sie dem Biokreislauf von Leben und Tod, statt sie zu mästen. Das macht sie lebenstüchtig und schont die städtische Umwelt.

Und die arme alte Frau, deren einzige Lebensfreude die Zuneigung der Tauben ist? Weil diese sofort angeflogen kommen, wenn sie auf dem Futterplatz auftaucht? Lassen wir ihr das Vergnügen, aber halten wenigstes wir uns zurück.

Schnellsuche

für Antworten auf aktuelle Benimmfragen

T

U

V